観光地理学入門

池永正人 ［著］

同文舘出版

【山岳の美観】

スイスアルプス・ベルニナ山（標高 4049m）

(2016 年 8 月 26 日 筆者撮影)

【植生の美観】

世界ジオパーク・国立公園の雲仙岳ミヤマキリシマ群落

(2018 年 5 月 12 日 筆者撮影)

※【前頁扉写真】北海道美瑛町「四季彩の丘」(2017 年 9 月 3 日 筆者撮影)

【海岸の美観】

世界で最も美しい湾クラブ・国立公園の九十九島
(2020 年 8 月 15 日 筆者撮影)

【海洋リゾートの美観】

海洋リゾート・ホノルルのワイキキ・ビーチ
(2009 年 9 月 15 日 筆者撮影)

【火山地域の美観】

世界ジオパーク・国立公園の阿蘇カルデラ
（2017 年 8 月 12 日 筆者撮影）

【温泉地の美観】

泉温調整と湯の花採取の草津温泉湯畑
（2013 年 5 月 26 日 筆者撮影）

【城の美観】

世界文化遺産・国宝の姫路城天守閣
(2017 年 8 月 27 日 筆者撮影)

【歴史街道の美観】

ロマンチック街道ディンケルスビュールの伝統家屋
(2003 年 8 月 29 日 筆者撮影)

【大仏の美観】

世界文化遺産・国宝の東大寺盧舎那仏坐像 (奈良大仏)
(2010 年 11 月 22 日 筆者撮影)

【社殿の美観】

世界文化遺産・日本三景の宮島厳島神社
(2010 年 8 月 10 日 筆者撮影)

【灯籠イベントの美観】

長崎ランタンフェスティバルの灯籠
(2017 年 1 月 31 日 筆者撮影)

【雪像イベントの美観】

さっぽろ雪まつりの雪像
(2014 年 2 月 7 日 筆者撮影)

【伝統行事の美観】

ユネスコ無形文化遺産 唐津くんちの曳山
(2015 年 11 月 3 日 筆者撮影)

【繁華街の美観】

水都大阪・道頓堀の広告
(2018 年 2 月 26 日 筆者撮影)

まえがき

　日本で最初に観光地理学の著書を出版し，観光地理学の学問体系を構築したのは，千葉大学名誉教授の山村順次先生である。本書は，山村先生の観光地理学の研究手法を手本にして，地域の美しい風景や動植物，歴史的建造物などの観光活用について，日本と外国の著名な観光地域を事例に解説した観光地理学の入門書である。

　本書のねらいは，地域の観光が当地の地形・気候・植生などの自然環境，歴史・伝統文化・産業などの社会環境によって成立していることを理解し，地域住民の創意工夫と環境に配慮した観光開発のあり方を学ぶことにある。

　本書を利用して観光を学ぶ学生のみなさんに対しては，次の3つの知識・技能を身につけてもらうことを意図する。

①専　　門　　力：観光に関する用語や地域事象を理解し，観光地域の特性と問題点を指摘する能力。

②情報収集・分析力：地図・統計グラフ・表の表現技法の習得とそれらの現象を読み解く能力。

③多 様 性 理 解 力：地域の多様な自然・人文資源の観光活用とその意義を理解する能力。

　また，本書は筆者の現地調査に基づいて，自然的・歴史的・社会的背景を踏まえながら観光資源を実証的に解説しているので，観光地域の特性を明らかにする研究手法の習得の一助になれば幸いである。

　本書の出版に際しては，同文舘出版株式会社専門書編集部の大関温子様にご尽力いただいた。心より御礼を申し上げる次第である。

2021（令和3）年2月

長崎国際大学 人間社会学部

国際観光学科 教授　池永正人

第 I 部　総　論

第 1 章
観光地の形成と観光地理学

第 2 章
観光地形成の地域資源 "温泉"

第 **5** 章

海洋リゾートの美観
ハワイ・オアフ島の観光地 "ホノルル"

第 **6** 章

山岳の美観
日本の山岳観光先進地 "立山黒部アルペンルート"

第 **7** 章

温泉地の美観
スイスの温泉保養地 "リギカルトバート"

第 **8** 章

植生の美観
国立公園雲仙岳の "ミヤマキリシマ群落"

第9章

野鳥の美観
ラムサール条約湿地釧路湿原の "タンチョウ"

第10章

水上クルーズの美観
水都大阪の "水上クルーズ"

第 11 章

歴史街道の美観
ドイツのロマンチック街道 "ローテンブルク"

第 12 章

アニメ聖地の美観
アニメツーリズム協会の "日本のアニメ聖地 88"

日本三景の天橋立
（2019年9月2日 筆者撮影）

第 1 章

観光地の形成と観光地理学

図 1−1　観光地の概念図
(筆者作成)

　本書の最初の学びとして，この章では観光とは何か，どのような事象が観光になり得るのか，観光地の成り立ちと形態はどのようになっているのか，また，観光地を地理学の視点から研究する観光地理学は，いかなる学問なのかについて学ぶ。さらには，現代社会において対象とする観光地理学の課題と学習の意義を理解する。

1. 観光の概念

(1) 観光は「学問の母」

　観光の語源は，3500年前に完成したとされる中国・周の書物『易経』に，「観国之光　利用賓于王（国の光を観る　以て王に賓たるによろし）」と記されている。これは，国の指導者は他国を視察して参考とすべき良い点，すなわち光を学び，自国の発展につなげることが大切であることを意味する。そこには人の移動，つまり「旅行」の概念が含まれる。また，観光は「優れたもの，誇示するもの」を意味する（山村，2010）。1855（安政2）年，オランダ国王ウィルヘルム3世から江戸幕府13代将軍徳川家定に，長崎海軍伝習所の練習艦として「スームビング号」が贈られ，翌年には「**観光丸**」に改名された。日本で「観光」という言葉を初めて使ったのが観光丸である。1987（昭和62）年に，観光丸は長崎県のテーマパーク・ハウステンボスの大村湾遊覧船として当時の姿で復元されて就航したが，現在は長崎港めぐりの遊覧船として運航されている（**写真1-1**）。

　観光の概念は，人々が日々の労働から解放されて日常生活圏を離れ，非日常な体験をすることや新たな出会いを求めることである。言い換えれば，美しいもの，珍しいものを見聞し，日頃できない体験をして感動と喜びを味わうことである。また，新たな知識と心身の健康を得て幸福な生活が実感できることである（章扉の**図1-1**）。

写真1-1　復元された観光丸
（2012年4月29日 筆者撮影）

　そして，観光は世界の国・地域の自然や産業，歴史や文化のすべてに関わる産業であることから，われわれは学校教育の教科（国語・数学・外国語・地理・歴史・公民・理科・美術・音楽・保健体育など）の興味があるものから観光を学ぶことができる。このことから観光は「学問の母」といえる。

(2) 地域の観光資源

　普段何気なく口にする「資源」という言葉は，人々の暮らしに役立つものを指す。それは自然物の気体や固体であったり，人々が生活を営むことで創造した建造物や歴史・文化などの人工物であったり広範囲におよぶ。たとえば，神社や寺院，教会などは，人々の暮らしを規定する宗教施設であるが，これらが周囲の風景と調和した荘厳美麗な建造物であれば，そこは人目を惹きつける観光名所となる。つまり，地域の建造物に観光要素が付加されて観光資源としての価値を持つようになるのである（池永，2012）。

　観光資源という言葉は，観光客を受け入れる観光産業によって，経済的価値を生み出す**観光対象物**という意味で用いられてきた。現在では，文化的，教養的意義が強調されて，観光客の側から見た資源的価値も重要視されてい

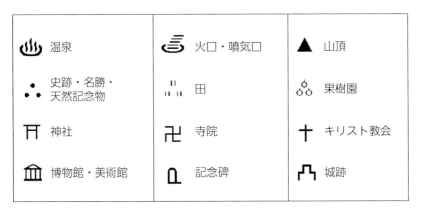

図1-2　主な観光資源の国土地理院地形図の地図記号

（地形図の地図記号より筆者作成）

る（山村，1994）。観光資源は，次のように自然観光資源と人文観光資源に大別される。また，主な観光資源を国土地理院地形図の地図記号に見ると**図1-2**のとおりである。

> 【**自然観光資源**】……山岳，高原，湖沼，渓谷，海岸，島嶼，温泉，動物，植物など主に面的対象物。
>
> 【**人文観光資源**】……史跡，文化財，神社，寺院，教会，庭園，産業施設，歴史的建造物，伝統芸能など主に点的対象物。

（3）観光活動の形態と役割

観光活動を形態別に分類すると，「**学ぶ**（見る・体験）」，「**遊ぶ**（健康増進）」，「**交流**（触れ合う）」の3つに大分類される。さらに中・小に細分すると**表1-1**のようになる。

また，観光活動が国や地域に果たす役割は，地域の観光産業，国際交流，まちづくりの各分野で活動できる人材を育成することで，次のことが実現できる。

①国民の健康で文化的な生活の促進

②都市と地方の住民の交流による相互理解

③外国人観光客の来訪による異文化理解と国際交流・平和の増進

④地域の経済活性化と環境保全

- グリーンツーリズム（Green tourism）

  農山村資源を活用：田植え・稲刈り・いちご狩り・搾乳・チーズづくり・木工などの農林業体験観光。

- エコツーリズム（Eco tourism）

  自然資源の活用：ハイキング，野鳥・植生観察など生態系の学習・保全活動など。

- 海洋資源の観光活用

  海水浴・ヨット・カヌーなどマリンスポーツ，漁師体験，かまぼこ作りなど。

⑤国内や海外からの観光客の来訪による地域住民の意識変化

　地域住民が自分たちの郷里の良さに気づき，「自信と誇り」を持つようになる。

表1-1　観光活動の形態

大分類	中分類	小分類
学ぶ （見る・ 体験）	自然	自然景観，自然学習，自然体験施設など
	歴史・文化	神社，寺院，城，博物館，美術館，動植物園，水族館など
	産業観光	収穫・工作・陶芸・漁師体験，工場見学など
遊ぶ （健康増進）	スポーツ・ レクリエーション	キャンプ場，スキー場，ゴルフ場，海水浴場，運動場，体育館，遊園地，公園，テーマパーク，遊歩道，ロープウェイなど
	温泉	一般入浴，温泉療養，温泉美容など
	ショッピング	繁華街，みやげ店，朝市，日曜市など
交流 （触れ合う）	伝統行事	祭り，郷土芸能，花見
	イベント	博覧会，花火など各種催事

（『平成20年度千葉県【大学と連携した魅力ある観光地づくり推進事業】研究報告書』6頁の表より筆者作成）

【浴衣姿の観光客】　　　　　　　　【清水寺の仁王門】

写真1-2　日本を代表する国際観光都市京都

（2019年9月4日 筆者撮影）

2. 観光地の形成と観光地理学

(1) 観光地の形成

　観光地の形成条件は，観光活用できる地域資源が存在することである。その観光資源の場所を観光地点という。そこに，観光客を相手にした土産店・飲食店・宿泊施設・資料館など観光関連施設が整備されると，人々が訪れるようになり観光地が形成される。そして，観光地は観光資源の特性によって形態が異なる。たとえば，温泉入浴を目的とした湯量豊富な温泉地は温泉観光地，神社・寺院の参詣を目的とした宗教施設の門前町は宗教観光地としての特性を有する（図1-3）。

　次に，観光地の形態についてみると，観光地を観光資源の特性によって初めて形態分類したのが山村（1974）である。その編著書『観光地理学』において，温泉観光地，山岳観光地，海岸観光地，都市観光地，宗教観光地の5つに形態分類している。また，山村（1995）の著書『新観光地理学』には，温泉観光地，自然観光地（山岳観光地，海岸観光地），文化観光地（宗教観光地，歴史観光地），都市観光地が明記され，自然観光地と文化観光地は細

図1-3　観光地の形成模式図
(筆者作成)

分されて，全体で6つの形態分類となっている。さらに，山村（2010）の編
著書『観光地理学—観光地域の形成と課題』では，温泉観光地域，自然観光
地域，農山村観光地域，歴史文化観光地域，都市観光地域の5つの形態分類
がなされ，新たに農山村が観光地域に組み込まれている。これは1990年代
後半以降，農林水産省のグリーンツーリズムや環境省のエコツーリズムが，
国家事業として推進されるようになった背景がある。

　これらの形態分類をもとに，観光地の事例を示したのが**表1-2**である。

表1-2　観光地の形態

形態		事例地
温泉観光地		登別温泉（北海道），草津温泉（群馬県） 箱根温泉郷（神奈川県），熱海温泉（静岡県） 有馬温泉（兵庫県），道後温泉（愛媛県） 別府温泉郷（大分県），雲仙温泉（長崎県）
自然観光地	山岳・高原観光地	富士山（山梨県・静岡県），上高地（長野県） 立山・黒部（富山県），阿蘇山（熊本県）
	海岸観光地	三陸海岸（岩手県他），鳥取砂丘（鳥取県） 九十九島（長崎県），慶良間諸島（沖縄県）
農山村観光地		美瑛（北海道），奥多摩（東京都） 白川郷（岐阜県），安心院（大分県）
文化観光地	宗教観光地	日光東照宮（栃木県），善光寺（長野県） 伊勢神宮（三重県），高野山（和歌山県） 出雲大社（島根県），厳島神社（広島県） 太宰府天満宮（福岡県），高千穂（宮崎県）
	歴史観光地	奈良市（奈良県），京都市（京都府） 鎌倉市（神奈川県），長崎市（長崎県）
都市観光地		札幌市（北海道），東京（東京都） 横浜市（神奈川県），名古屋市（愛知県） 大阪市（大阪府），神戸市（兵庫県） 広島市（広島県），福岡市（福岡県）

（筆者作成）

(2) 観光地理学とは何か

　地理学は地域性を把握し，自然・人文的現象の地域的展開の実態とその意義を究明する学問である。平たくいえば，「**土地理解**」の学問である。地域は，ある一定の広がりを持った地表面の一部であるが，何らかの特性によって一つのまとまった場所として他と区別できる。たとえば，農業地域，林業地域，漁業地域，工業地域，商業地域，観光地域などと呼称される（図1-4）。地域には，自然や歴史・文化を知る貴重な景勝・旧跡・伝統行事・食文化など，観光活用できるもの，すなわち観光資源が広範囲に分布している。

　このようなことから**観光地理学**は，地域資源を観光活用した観光地の成立条件（自然現象，社会現象），観光業の実態と特性，課題を明らかにする学問といえる。換言すれば，観光地理学は観光地域の自然・人文の諸現象を総合的に究明する学問であり，地域の自然や産業，歴史や文化は人々の暮らしの地域的差異を規定する重要な要素である。また，山村（1995）は，観光地理学では，あくまでも観光地の地域構成を発達史的に分析することによって，空間的広がりを持った観光地域の特性を追究することが重要であると述べている。

　観光地域の固有の景観は，高度・地形・気候など自然条件のもとに，そこ

図1-4　地域の概念図

（筆者作成）

に暮らす人々が長い歳月にわたって築き上げてきた集落や建物の形態，農地の景色など，自然景観と人文景観の融合によって形成されたものである。そして，ほかの地域とは異なった個性豊かな景観が，訪れる人々を魅了している（池永, 2010）。

　観光地域の持続可能な発展のためには，住民の生活環境を脅かすことのない観光行政と，自然環境に適応した観光事業の堅実な推進が基本である。観光地域の社会構造を明らかにするためには，住民や行政がどのような形で観光地づくりに関与しているか，また訪れる人々の目的ならびに滞在中の行動はいかなるものか，さらには観光施設や宿泊施設の整備と経営の実態，観光地の景観や環境保全についての詳細な研究が必要である。ここに，観光地理学を学ぶ意義を見出すことができる（池永, 2010）。

■ **参考文献**

浅香幸雄・山村順次編著（1974）:『観光地理学』大明堂，234 頁。

池永正人（2010）:「あとがき」山村順次編著『観光地理学―観光地域の形成と課題』同文舘出版，155 頁。

池永正人（2012）:「あとがき」山村順次編著『観光地理学―観光地域の形成と課題　第 2 版』同文舘出版，163 頁。

千葉県商工労働部観光課・城西国際大学観光学部（2008）:『平成 20 年度　千葉県【大学と連携した魅力ある観光地づくり推進事業】研究報告書』，274 頁。

山村順次（1995）:『新観光地理学』大明堂，270 頁。

山村順次編著（2010）:『観光地理学―観光地域の形成と課題』同文舘出版，173 頁。

第**2**章

観光地形成の地域資源 "温泉"

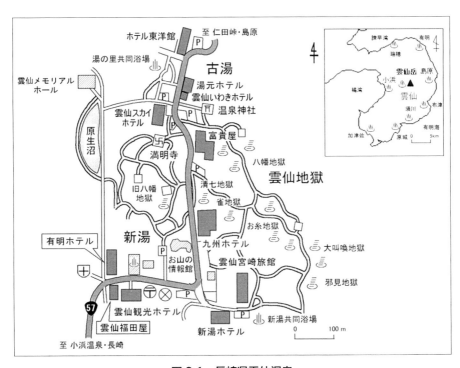

図 2-1　長崎県雲仙温泉

（筆者作成）

　　この章では，観光地を形成する主要な地域資源の温泉について，まずは基礎知識として温泉の定義，生成，分類を理解する。次に，温泉地が明治時代以降どのようにして発展していったか，また国民保養温泉地の指定や温泉の有効利用と需給バランスについて学ぶ。

1. 温泉の基礎知識

（1）温泉の定義

　日本の温泉は，1948（昭和23）年に制定された**温泉法**の第2条「地中から湧出する温水，鉱水及び水蒸気その他のガス（炭化水素を主成分とする天然ガスを除く。）で，別表に掲げる温度又は物質を有するものをいう。」と定義されている。つまり，温泉源から採取されたときの**泉温**が **25℃以上**，または以下に示す**19種類の物質**のいずれか1つが，湧水1kg中に規定量含まれていることとしている（**表2-1**）。

　なお，泉温25℃の基準は，第二次世界大戦の終戦まで日本統治下にあった台湾南端（北緯22度）の恒春が，年平均気温24.9℃を超えることに由来する。戦後も25℃は気温に影響されない高い温度であることから基準値として踏襲された。

表 2-1　温泉法別表の規定物質

物質	含有量	物質	含有量
1. 溶存物質	1,000mg 以上	11. フッ素イオン	2mg 以上
2. 遊離炭酸	250mg 以上	12. ヒドロひ酸イオン	1.3mg 以上
3. リチウムイオン	1mg 以上	13. メタ亜ひ酸	1mg 以上
4. ストロンチウムイオン	10mg 以上	14. 総硫黄	1mg 以上
5. バリウムイオン	5mg 以上	15. メタホウ酸	5mg 以上
6. フェロ又はフェリイオン	10mg 以上	16. メタケイ酸	50mg 以上
7. 第1マンガンイオン	10mg 以上	17. 重炭酸ソーダ	340mg 以上
8. 水素イオン	1mg 以上	18. ラドン	20以上（百億分の1キュリー単位）
9. 臭素イオン	5mg 以上	19. ラジウム塩	1億分の1mg 以上
10. ヨウ素イオン	1mg 以上		

（環境省自然環境局「温泉の定義」より筆者作成）

(2) 温泉の生成

　温泉は，降雨・降雪の地表水が地下に浸み込んで，それが**地熱**によって温められ，地中の岩石や土壌の溶存物質を含んだ**熱水**が地表に湧き出る自然資源である。温泉は**火山性温泉**（章扉の**図2-1**）と**非火山性温泉**に大別され，さらに非火山性温泉は，**深層地下水型**と**化石海水型**に分かれる（**図2-2**）。

　火山地帯では地下数km〜十数kmの比較的浅い部分に，深層から上昇し

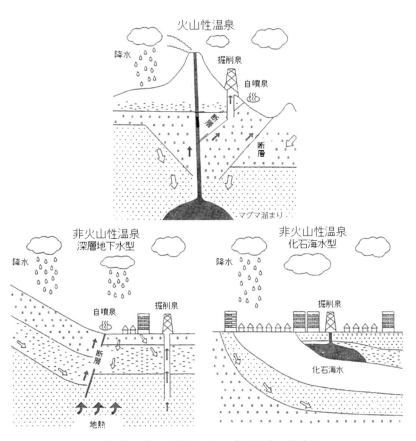

図2-2　火山性温泉と非火山性温泉の概念図

（「温泉のしおり」環境省）

15

てきた溶融物質の**マグマ**（magma）が 1,000℃ 以上の高温の**マグマ溜まり**をつくり，周囲の地下水が加熱されて硫化水素・二酸化炭素・塩化水素など火山ガスを含む高圧の熱水が生成される。この熱水が断層の隙間や人工掘削（ボーリング）によって地表に湧き出てくる。これが火山性温泉であり，群馬県の草津温泉や長崎県の雲仙温泉など硫黄臭のある白濁した温泉が典型である。

　一方，地下では深度が増すにつれて地温が高まり，100 m 毎に約 3℃ 上昇する。これは地温勾配または地下増温率と呼ばれている。このように地熱で地下水が温められた熱水が，非火山性温泉の深層地下水型である。愛媛県の道後温泉や和歌山県の白浜温泉などがある。これに対して化石海水型は，地中に閉じこめられていた太古の海水が，地殻変動によって湧出する熱水をいう。新潟県の松之山温泉がこれに該当する。

　2019 年 3 月末現在，全国には 2,982ヵ所の温泉地がある。地方別では中部24％と東北21％で全国の45％を占める。また，**温泉湧出量**252万リットル／分は，九州 26％，東北 25％，中部 19％の順に多く，これら 3 地方で 70％の比率となっている（**図2-3**）。

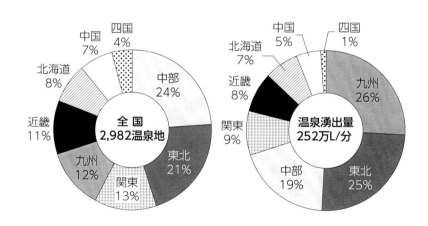

図 2-3　地方別温泉地数・温泉湧出量の構成（2018 年度）
（環境省自然環境局「平成 30 年度温泉利用状況」より筆者作成）

(3) 温泉の分類

①泉温による分類

温泉は源泉に湧出する熱水の温度によって，次の4つに分類される。

冷鉱泉　25℃未満　　　　　低温泉　25℃〜34℃未満

温　泉　34℃〜42℃未満　　高温泉　42℃以上

高温泉率は，温泉地における泉温42℃以上の源泉の比率である。たとえば，A温泉地では10源泉のうち42℃以上の源泉が8源泉ある場合，高温泉率は80%になる（図2-4）。全国27,283源泉（2018年度）の高温泉率は54%に対して，九州11,377源泉の高温泉率72%は全国で最も高い（図2-5）。

図 2-4　A温泉地の源泉

(筆者作成)

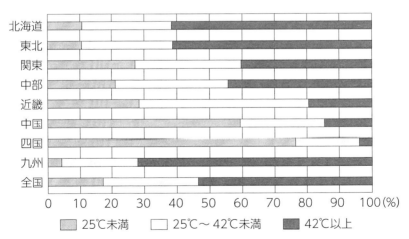

図 2-5　地方別温度別源泉数の構成（2018年度）

(環境省自然環境局「平成30年度温泉利用状況」より筆者作成)

②水素イオン濃度指数による分類

　温泉は，水素イオン濃度指数（記号 pH，呼称：ピーエッチまたはペーハー，potential of hydrogen）を用いて，**酸性泉，中性泉，アルカリ性泉**など次の 6 つに分類される。

　　強酸性泉　pH2 未満　　　　　　　　酸性泉　pH2〜3 未満

　　弱酸性泉　pH3〜6 未満　　　　　　中性泉　pH6〜7.5 未満

　　弱アルカリ性泉　pH7.5〜8.5 未満　　アルカリ性泉　pH8.5 以上

③泉質による分類

　病気治療に用いられる温泉を療養泉といい，泉質の主成分によって 10 分類される（表 2-2）。療養泉は，環境省自然環境局の「鉱泉分析法指針（平成 26 年改訂）」で定義されている。

④浸透圧による分類

　人間の身体の細胞液と等しい浸透圧を持つ液体を等張液という。これは食

表 2-2　療養泉の分類

名称	効能	著名温泉地の事例
単純温泉	自律神経不安定症，不眠	下呂温泉，道後温泉
塩化物泉	切り傷，冷え症，便秘	熱海温泉，指宿温泉
炭酸水素塩泉	切り傷，冷え症，糖尿病	白浜温泉，嬉野温泉
硫酸塩泉	切り傷，冷え症，便秘	登別温泉，法師温泉
二酸化炭素泉	切り傷，冷え症，胃腸	長湯温泉，島原温泉
含鉄泉	鉄欠乏性貧血症	有馬温泉，伊香保温泉
酸性泉	アトピー性皮膚炎，化膿症	草津温泉，玉川温泉
含よう素泉	高コレステロール血症	青堀温泉，前野原温泉
硫黄泉	アトピー性皮膚炎，糖尿病	雲仙温泉，箱根小涌谷温泉
放射能泉	痛風，関節リウマチ	三朝温泉，増富温泉

（環境省自然環境局「鉱泉分析法指針（平成 26 年改訂）」より筆者作成）

塩 8.8 g を 1 kg の水に溶かした食塩水に相当する。温泉は等張液を基準にして，次の 3 つに分類される。

　　低張泉　等張液より浸透圧が低い温泉（8 g ／ kg 未満）
　　等張泉　等張液と同じ浸透圧を持つ温泉（8 〜 10 g ／ kg 未満）
　　高張泉　等張液より高い浸透圧を持つ温泉（10 g ／ kg 以上）

2. 温泉地の発展

（1）湯治場から保養・観光の温泉地へ
- -
　日本の温泉地は，古くから病気や傷を温泉効能で治す湯治場（とうじば）として，皇族や貴族，武士や庶民に広く利用されてきた。湯治場が保養・観光の温泉地に発展するのは明治時代以降である。とりわけ農民や漁民は，近くの湯治場に出かけて自炊・半自炊の安価な宿に長期滞在して，療養，いわゆる骨休めをしていた。資本主義経済の発展にともなって，都市の中産階級や外国人が湯治場を訪れるようになると，浴室を備えた内湯（うちゆ）の旅館が増加していった。これに対して従来の共同浴場を外湯（そとゆ）という（図 2-6）。

　湯治場は山地や海岸など良好な自然環境の場所にあるが，とくに火山が多く分布する東北・関東・九州の山岳・高原地域に多く立地している。このこ

図 2-6　温泉地の内湯と外湯
（筆者作成）

写真 2-1　城崎温泉一の湯（外湯）
（2019 年 9 月 2 日 筆者撮影）

とから日本の湯治場は，**高地気候療養地**としての性格を有している。やがて鉄道・自動車・船舶など交通機関が発達すると，交通の便が良く，自然環境に恵まれた湯治場は，保養・観光の温泉地へと変貌していった。その例として，関東では草津温泉（群馬県），箱根温泉郷（神奈川県），熱海温泉（静岡県），近畿では有馬温泉・城崎温泉（兵庫県），白浜温泉（和歌山県），九州は別府温泉郷（大分県），雲仙温泉（長崎県），霧島温泉郷（鹿児島県）などがあげられる。

昭和時代の高度経済成長期（1956〜1972年）以降は，企業の招待旅行や職場の慰安旅行など団体旅行が盛んになった。このような旅行の大衆化・大量化にともなって，大都市に近い温泉地は大型ホテルの建設が進展して，周辺の観光地を巡る**広域観光ルート**の宿泊拠点となったのである。

(2) 国民保養温泉地の指定

国民保養温泉地は，温泉法に基づいて環境省が指定する国民の保健・休養のための健全な温泉地である。温泉の公共的利用増進を目的とした国民保養温泉地は，1954（昭和29）年に酸ヶ湯温泉（青森県），日光湯元温泉（栃木県），四万温泉（群馬県）の3ヵ所が初めて指定されて以来，2012年には指定基準を改訂して，2020年現在は77ヵ所が全国に分布している。

指定の条件は下記に示すとおり，温泉の泉質や湧出量，温泉地の自然的・社会的環境や医療行為などが提示されている。

【温泉の泉質及び湧出量に関する条件】

①利用源泉が療養泉である。

②利用する温泉の湧出量が豊富であり，利用者1人当たり毎分0.5リットル以上を目安とする。

【温泉地の環境等に関する条件】

①自然環境，まちなみ，歴史，風土，文化などが保養地に適している。

②医学的な温泉利用や健康管理が可能な医師の配置計画，または同医師と連携して入浴方法の指導ができる人材の配置計画もしくは育成方針など

が確立している。

③温泉資源の保護，温泉の衛生管理，温泉の公共的利用の増進ならびに高齢者や障がい者などの配慮に関する取り組みが適切である。

④災害防止に関する取り組みが充実している。

（3）温泉の有効利用と需給バランス

全国の温泉地では，観光発展にともなう湯量不足を補うために人工掘削による源泉開発が進められた。それと同時にポンプで汲み上げられた熱水は，**温泉集中管理システム**によって有効利用されるようになった（**写真2-2**）。温泉集中管理システムは，複数の源泉からの熱水を1ヵ所にまとめて貯湯し，温泉施設や宿泊施設などに契約量に応じて配湯する温泉の有効利用である。ただし，複数の源泉の温泉成分が混在することや，**貯湯槽**内で泉質の劣化や泉温の低下が生じるなどの欠点は否めない。

温泉の需給バランスを示す**温泉資源指数**は，全国の温泉地における宿泊施設の収容定員1人当たりの温泉利用量を示す数値である。それは毎分の湧出量で示し，基準値は 1.0 リットル／分である。全国平均は 1957 年度に 2.3 リットル／分であったのが 2005 年度には 1.9 リットル／分に減少した。2018

【貯湯槽】　　　　　　　　　　【配湯ポンプ】

写真 2-2　山形県上山温泉の温泉集中管理システム

（2018 年 11 月 25 日 筆者撮影）

年度は全国の温泉湧出量 252 万リットル／分に対して，全国の温泉地宿泊施設収容人員が 132 万人であるので，温泉資源指数は 1.9 リットル／分となった。つまり，日本の温泉地における温泉供給量は，地域差はあるが全体的に余裕があることがわかる。

■ 参考文献

環境省自然環境局（2014）:『鉱泉分析法指針（平成 26 年改訂)』，163 頁。

環境省自然環境局（2019）:「平成 30 年度温泉利用状況」，1 頁。

山村順次（2012）:「第 2 章 温泉観光地域」山村順次編著『観光地理学―観光地域の形成と課題（第 2 版)』同文舘出版，22〜50 頁。

第3章

観光多様性論
九州横断観光ルート

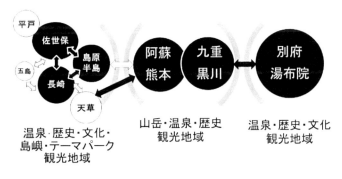

図 3-1　九州横断観光ルートの観光地域区分概念図

(筆者作成)

　この章では，観光多様性の好個の事例として九州横断観光ルートを取り上げる。まず，九州横断観光の礎を築いた油屋熊八の観光概念を学ぶ。次に，観光地域指数を用いて，九州7県および九州横断観光ルート沿線地域の観光業への依存度を定量的に把握する。そして，九州横断観光ルートの地域別観光多様性の概念を理解する。

1. 多様な観光資源を有する九州横断観光ルート

　大分・熊本・長崎の3県にまたがる**九州横断観光ルート**は，別府～湯布院
～九重～阿蘇～熊本～天草～島原～雲仙・小浜～長崎を結ぶ九州観光の
ゴールデンルートと称されてきた。これらの観光地域は，噴気をあげる火山
や周辺地域の豊富な湯量・泉質の温泉（**図3-2**），変化に富んだ海岸線，中
国やヨーロッパの文化と融合した伝統文化を有する。このため，地域の多様
な景勝地・史跡・伝統芸能・伝統工芸・郷土料理などは，明治時代以降，全
国に先駆けて観光資源として活用され，九州の観光先進地域を形成した。

図3-2　火山地域の主な温泉地
（筆者作成）

　また，九州横断観光ルートの沿線は，雲仙天草国立公園や阿蘇くじゅう国立公園，ユネスコの**世界ジオパーク**に登録された島原半島と阿蘇，**世界文化遺産**に登録された「長崎と天草地方の潜伏キリシタン関連遺産」と「明治日本の産業革命遺産」を有し，国際的にも高い評価を得ている地域である。

　ここでは，九州横断観光ルートである大分県道・熊本県道11号別府一の宮線（別府市～阿蘇市），国道57号（大分市・長崎市間のうち，阿蘇市～長崎市）に，国道206号（長崎市～佐世保市）を加えた沿線地域および周辺地域を対象に，多様な観光資源の有機的な連結による観光地域区分と観光多様性の概念化を試みることにする。

2. 九州横断観光の原点
—油屋熊八の九州横断観光ルートの構想と実現—

「別府観光の父」と称された油屋熊八（1863〔文久3〕～1935〔昭和10〕年，享年72）は，愛媛県宇和島から別府にやって来て，亀の井旅館（1911年），亀の井自動車（1928年，定期観光バス），別府宣伝協会などを設立して事業展開し，別府観光の礎を築いた（**写真3−1**）。油屋の観光概念は，「①まず寝具と食事，②自分がエンターテイメントだ，③乗りものが大切，④宣伝はバーンとやるべし，⑤オリジナリティ，⑥いくつもの点をむすぶ」とする内容であった（大分の文化と自然探検隊・BAHAN事業部，1992）。これらは，現在の観光事業においても，何ら変わるところがない普遍的な考え方である。

写真3−1　油屋熊八
（朝日新聞2004年
7月3日付より転載）

この観光概念のうち，現在の観光地域の活性化において重視されているのが，「いくつもの点をむすぶ」である。「とても素晴らしい観光地であっても，そこだけが孤立していたのでは美味しいまんじゅうが1個しかないようなものだ。それを食べてしまっても，まだある，また食べても，まだあるというふうに，観光地はどこまでも美味しさがつづいて，はじめてゆたかなのである。」この言葉は，観光地は孤立するので

写真3−2　九重を通る九州横断観光道路
（2015年6月6日 筆者撮影）

はなく，隣接する観光地と連結することで観光客の楽しみ，喜びが増すとする趣旨であり，まさに九州横断観光の原点といえる。

　油屋は具体的なルートとして，別府～由布院（湯布院）～久住 高原（九重）～阿蘇～雲仙～長崎を結ぶ広域観光ルート構想を考案し，1928（昭和3）年に**九州横断観光道路**の建設を提唱した。この構想は，36年後の東京オリンピック開催年の1964（昭和39）年に，旧日本道路公団が有料の別府阿蘇道路（通称：やまなみハイウェイ，全長50km）を開通させて実現した。

　なお，この道路は既述の別府と阿蘇を結ぶ県道11号の由布市水分峠と阿蘇市一の宮町の区間であり，1994（平成6）年に30年間の料金徴収期間を終えて無料になった（**写真3-2**）。

3. 九州横断観光ルートの観光発展と観光多様性

（1）観光地域指数の考案と検証

　観光業への依存度を定量的に表現する指標として，筆者は九州横断観光ルートの沿線自治体の宿泊者数（「宿泊旅行統計調査」観光庁，2015）と人口（「国勢調査」総務省，2015）による**観光地域指数**を考案した。観光地域指数は，都道府県および市町村など当該自治体における年間宿泊数の1日平均を人口で除し100を乗じた値であり，1日の宿泊者数と人口が同じであれば基準値は1.0となる。なお，階級区分は設けていないが，数値が大きいほど観光業への依存度が高いことを示す。

　九州7県の観光地域指数を算出すると，大分県と長崎県がともに1.7で最も高く，熊本県も基準値を超える1.1を示していることから，九州横断観光ルートに該当する3県の観光業への依存度が高いことがわかる（**図3-3**）。大分県は別府温泉郷，由布院温泉，九重温泉郷など全国的に著名な温泉地をはじめ，県内各地に温泉地が分布し，温泉湧出量は毎分28万リットル（2019年3月末，環境省）で，全国252万リットルの11％を占める。また，

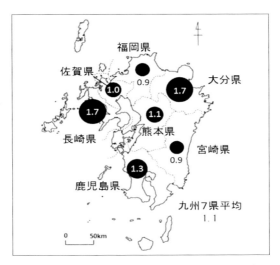

図3-3　九州7県の観光地域指数（2015年）
（「宿泊旅行統計調査」観光庁，2015 および「国勢調査」総務省，2015 より筆者作成）

鶴見岳（別府）・由布岳（由布院）・九重連山（九重）の一連の火山地帯は，阿蘇くじゅう国立公園の指定区域となっている。

　西洋文化に関連する観光資源としては，長崎市には世界文化遺産の旧グラバー住宅（2015年登録）や大浦天主堂（2018年登録），江戸時代に西洋の文物が導入された出島和蘭商館跡などがある。また，佐世保市はオランダの中世・近世の街並みを再現した大型テーマパークのハウステンボス（2019年の入場者数253万人，佐世保市観光課），アメリカ食文化の影響を受けた佐世保バーガーが広く認知されている。さらに，島原半島は明治時代から昭和初期に西洋人が滞在する国際リゾートとして繁栄した雲仙温泉，2018年に世界文化遺産に登録されたキリシタン迫害地の原城跡を有する。

　次に，九州横断観光ルート沿線地域の観光地域指数については，別府市～阿蘇地域の区間で観光業への依存度が高い（**図3-4**）。この区間は，既述のように連続する火山の周辺に温泉地が多く分布し，人口23万人の地域に年間461万人が宿泊しているためである。とりわけ，阿蘇地域（1市3町3村，人口6万人，年間延べ宿泊者数196万人）が8.4の最高値を示し，別府市（人

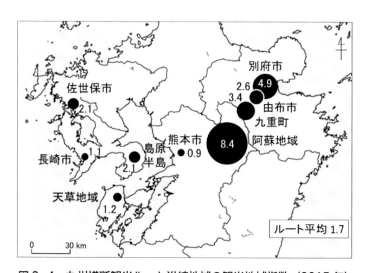

図 3-4　九州横断観光ルート沿線地域の観光地域指数（2015 年）
（大分・熊本・長崎 3 県の観光統計（2015 年）および国勢調査（2015 年）より筆者作成）

口 12 万人，年間延べ宿泊者数 220 万人）も 4.9 の高い数値である。

（2）九州横断観光ルートの観光多様性

　地域の多様な資源を有機的に連結させて観光活用することを，筆者は**観光多様性**と呼称している。観光多様性とは，健康増進，風景観賞，自然観察，地域学習など，老若男女の幅広い客層の身体的・知的欲求を満たす多種多様な観光活動である（池永，2014）。九州横断観光ルートは多様な観光資源を有し，①別府・湯布院地域，②九重・黒川・阿蘇・熊本地域，③長崎県と天草地域の 3 つの観光地域に大区分できる（章扉の**図 3-1**）。これらの観光地域に共通する観光資源は，「海・山・温泉」といった自然資源に基づく地域固有の歴史・文化である。

　また，このような観光特性を持つ九州横断観光ルートへの交通機関は，現在では九州自動車道（北九州市〜鹿児島市），大分自動車道（鳥栖市〜大分市），長崎自動車道（鳥栖市〜長崎市）を利用した高速道路交通が主流をな

している（**図3-5**）。さらに，②九重・黒川・阿蘇・熊本地域を2分して，4ヵ所の観光地域の観光多様性を提示すると**図3-6〜9**のとおりである。

　この観光多様性概念図は，地理学者**W.クリスタラー**（Walter Christaller）の**中心地理論**（central place theory）[1]をヒントに筆者が考案したものである。各観光地域は，主力の観光資源を社会情勢に応じ，周辺の多種多様な

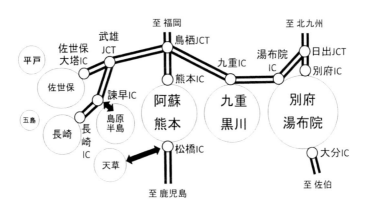

図3-5　九州横断観光ルートへの高速道路交通

(筆者作成)

写真3-3　九州横断観光ルートの観光名所

(別府温泉 2008 年 5 月 17 日，阿蘇山 2014 年 6 月 7 日 筆者撮影)

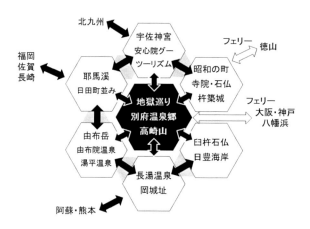

図 3-6 別府地域の観光多様性の概念図

(筆者作成)

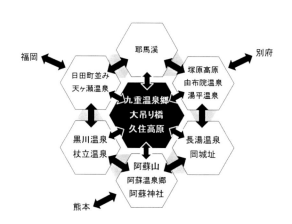

図 3-7 九重地域の観光多様性の概念図

(筆者作成)

　観光資源と有機的に連結させて魅力的な観光情報を発信することで，継続的な観光客の誘致が可能になるものと考える。ただし，それには観光地域に暮らす住民の観光振興に対する共通認識と，実現に向けての創意工夫による不

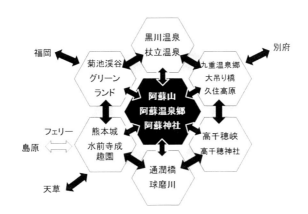

図 3-8　阿蘇地域の観光多様性の概念図

(筆者作成)

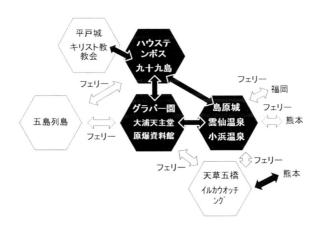

図 3-9　長崎地域の観光多様性の概念図

(筆者作成)

断の取り組みが不可欠である。

4. まとめ

　この章では，九州横断観光ルート沿線地域の観光業への依存度を観光地域指数によって明らかにし，観光資源の地域特性を考慮して区分した4ヵ所の観光地域における観光多様性の概念を提示した。

　九州横断観光ルートは，九州横断観光道路（やまなみハイウェイ）の開通以降半世紀にわたって，九州の観光先進地域の確固たる地位を築いてきた。それは，交通の利便性を高めることで包蔵する多様な観光資源を有機的に連結させて，ルート沿線地域の観光発展に導いた。

　そして，九州横断観光ルートの継続的な観光発展のためには，障がい者や健常者，国民や外国人を問わず，老若男女のあらゆる客層に対応した施設やサービスの質的向上に努めて，観光の普遍性と地域性を併せ持った理想的な観光地域を目指すことである。これは，少子高齢社会で外国人観光客に依存する全国の観光地域において普遍的にいえることである。

　なお，この章は池永（2018）の論文の統計数値を更新するとともに，新たに観光名所の写真を加えて編成した内容である。

■ 注
1) 中心地は，その周辺地域に財やサービスを供給する機能を持つ場所で，都市の多くはこの中心機能を有して勢力圏を保つ。その機能のおよぶ範囲を都市圏と呼ぶ。

■ 参考文献
池永正人（2014）：「スイスアルプスの自然環境保全と多様なアクティビティ」『地理空間』第7巻2号，169-184頁。
池永正人（2018）：「九州横断観光ルートの観光地域区分と観光多様性の試論」『温泉地域研究』第31号，57-62頁。
大分の文化と自然探検隊・BAHAN事業部（1992）：「油屋熊八と別府」『BAHAN』10号，47頁。
環境省「平成30年度温泉利用状況」
　http://www.env.go.jp/nature/onsen/（2020年9月12日閲覧）
佐世保市観光商工部観光課「令和元年佐世保市観光統計」
　https://www.city.sasebo.lg.jp/kankou/（2020年9月12日閲覧）

第Ⅱ部

美観の観光資源

スイス・ルツェルン湖のカペル橋
(2013 年 8 月 21 日 筆者撮影)

第4章

砂丘の美観
砂浜海岸の造形美 "鳥取砂丘"

図 4-1　鳥取砂丘の地形と周辺の土地利用
(筆者作成)

　この章では，まず日本一美しいと評される鳥取砂丘がどのように
して形成され，いかなる特徴の地形であるかを理解する。次に，砂
地に適したラッキョウ，白ネギなど農作物の栽培，砂丘を活用した
特色ある観光について学ぶ。そして，美しい砂丘景観を維持するた
めの官民共働による砂丘の保全再生活動を理解する。

1. 鳥取砂丘の地形

　鳥取砂丘は鳥取県の県庁所在地鳥取市の日本海沿岸に位置し，浜坂，湖山，福部などの砂丘を総称したものである。一般的には，中国山地から流れ出る千代川の河口東側の浜坂砂丘を指し，東西 16 km，南北 2.4 km，面積 545 ha，最大高低差 90 m の日本有数の砂丘である（章扉の図 4-1）。

　鳥取砂丘は，千代川の河口に堆積した花崗岩質の土砂と沿岸流が運んだ砂が，日本海の荒波によって打ち寄せられ，さらに北西季節風によって砂が飛散して堆積したものである。その美しい海岸地形は，学術的にも希少価値があることから，1955（昭和 30）年に国の天然記念物に登録され，1963（昭和 38）年には山陰海岸国立公園を構成する海岸の 1 つに指定された。さらに，山陰海岸国立公園を中心として，東は京都府京丹後市の経ヶ岬から西は鳥取市の白兎海岸までの東西 110 km，南北最大 30 km におよぶ山陰海岸ジオパークが，2010（平成 22）年に世界ジオパークネットワークへの加盟が認定された。

　鳥取砂丘の基盤をなす花崗岩質の岩石は，海面下 30 m の深さにあり，その上におよそ 12 万年前の古砂丘が厚く堆積している。10 万年から 2.5 万年前には，三瓶山（島根県），阿蘇山（熊本県），大山（鳥取県），姶良丹沢（鹿児島県）の火山活動による降灰で堆積した火山灰層が古砂丘の上に形成された。そして，この火山灰層の上を新砂丘が覆い，現在の砂丘が形成されたと考えられている。

　砂の主な成分は石英であり，風速 5 m 以上になると乾いた砂粒は動き，直径 0.07～0.5 mm の砂粒は放物線を描いて飛散する跳躍現象が起きる。この跳躍がさざ波のような美しい風紋を砂地の表面に作り出す。なお，直径 0.5 mm 以上の砂粒は転がる。また，風で運ばれた砂が堆積することにより，斜面の安定が限界を超えると砂が滑落して簾状の模様ができる。これが砂廉と呼ばれる微地形である。また，風雨によって砂地の表面に形成される砂よりも細かい粒の層が風食の抵抗となり，砂柱を形成する。

鳥取砂丘には，海岸から内陸に向かって3つの砂丘列が形成されている。

最も大きく美しい第二砂丘列は「馬の背」と呼ばれ，最高所は標高46mである（**写真4-1**）。さらに内陸の第三砂丘列は標高54mの高さである。これらの砂丘列は，季節風の影響で冬季は内陸側へ，春季と夏季には海岸側にもどされる。しかし，北西季節風の方が強いため，これらの砂丘地形は年々内陸側に移動している。

写真4-1　鳥取砂丘の風景
（2012年8月27日 筆者撮影）

砂の飛散は周辺住民の生活を悩ますため，砂丘の縁辺には**砂防林**の植林が行われてきた。しかし，近年は砂が減ったり，雑草が生えたりすることが問題になっている。これは千代川の河川改修や砂防林に原因があると考えられており，砂丘の除草や砂を足すなどの草原化対策が進められている。

2. 砂丘の農業と観光

（1）砂丘の農業

砂丘の周辺に暮らす人々は，砂地に適した農作物としてラッキョウ・白ネギ・長いも・ナシなどの作物を栽培している。ラッキョウは8月に植え付けし，10月下旬～11月上旬に赤紫色の花を咲かせ，翌年5月に収穫する。また，ナシは4月中旬に開花し，9月に実を結ぶ。

砂丘地は江戸時代末期から低地の池を干拓して新田開発が進められたが，丘陵の**福部砂丘**は砂の飛散が激しく，しかも水の確保が困難であった。1914（大正3）年に**佐々木甚蔵**が福部の砂丘地でラッキョウ栽培に成功し，1917

（大正6）年には砂防の植林や産業組合の結成などにより，ラッキョウの栽培面積が拡大した。1963（昭和38）年には，農業構造改善事業の一環として「山成り開墾」と称する起伏のある傾斜畑や農道を整備し，120 ha のラッキョウ畑は農作業の機械化を実現することで日本有数のラッキョウ産地に発展した。

　なお，ラッキョウの全国生産量（2018年）は 7,767t であり，鳥取県が第1位の 2,259t（29％）を占める。以下，第2位鹿児島県 2,114t（27％），第3位宮崎県 1,409t（18％）の順に多く，この上位3県で全国の4分の3を生産している（農林水産省，2018）。

(2) 砂丘の観光

　鳥取砂丘の周辺には，**鳥取砂丘ビジターセンター**，**鳥取砂丘ジオパークセンター**（ビジターセンターに隣接），**鳥取砂丘砂の美術館**，**鳥取砂丘こどもの国**，砂丘センター展望台，鳥取砂丘情報館サンドパルとっとりなど，砂丘に関連した学術・芸術・観光施設が整備されている。鳥取砂丘こどもの国は，こどもたちが遊びの中で創意工夫をしながらたくましい体をつくり，豊かな情操を養うことを目的として開設した県立の観光施設である。また，宿泊施設やレストラン，みやげ店などの商業施設も営業している。

　鳥取砂丘および主な関連観光施設の最近5年間（2015〜2019年）の観光客数は，年平均で鳥取砂丘が 120 万人，鳥取砂丘砂の美術館は 45 万人，鳥取県立鳥取砂丘こどもの国は 15 万人である（**図4-2**）。また，鳥取砂丘の月別観光客数の平均値は新緑の5月が 15 万人，夏季の8月が 17 万人で多く，秋の行楽シーズンと初冬の12月も 11 万人の観光客が訪れている。これに対して，冷たい北西季節風が吹き，積雪する厳冬の1月と2月は5万人未満の観光客数である。

　観光客の発地については，筆者が 2012（平成24）年8月27日（月）〔晴れ〕に，鳥取砂丘ビジターセンター前の駐車場で実施した自家用車ナンバープレート調査結果によると，調査台数 204 台のうち，鳥取県が 31％，兵庫県

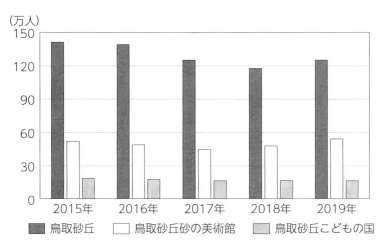

図4-2　鳥取砂丘と主な観光施設の観光客数の推移
（「鳥取市主要観光施設等の入込客延べ人数」より筆者作成）

11％，大阪府8％，愛知県7％の順に
多い。ただし，関東，中部，近畿，中
国，四国，九州といった広範囲から来
訪しており，鳥取砂丘が全国的に知ら
れた観光地であることがわかる。

　鳥取砂丘では，観光客に砂丘の自然
や産業，歴史や文化を理解してもらう
ために，4つの散策コースが用意され
ている（**表4-1**）。観光客は各自の旅
程に合わせたコースを選択して，砂丘
観光を楽しむことができる。また，観
光用のラクダに乗れる体験は，砂丘観
光の特徴の1つといえる（**写真4-2**）。

　このように鳥取砂丘は，年間120万
人の観光客を迎える各種施設が整って
いる。

写真4-2　鳥取砂丘の観光用ラクダ
（2012年8月27日 筆者撮影）

表4-1　鳥取砂丘の散策コース

コース名		内　容
鳥取砂丘西	砂丘景観の基本コース	鳥取砂丘ジオパークセンターを起終点に，馬の背・オアシス・火山灰層出地・スリバチなどのジオスポット，風紋・砂廉・砂柱・砂丘植物などの観賞，作家の歌碑，弁天宮（多鯰ヶ池），砂の美術館を巡る。 （所要時間1時間45分，行程5km）
	砂丘地内周回コース	鳥取砂丘ジオパークセンターを起終点に，馬の背・オアシス・火山灰露出地・スリバチなどのジオスポットを探索しながら，砂丘の植物・動物の足跡・風紋・砂廉・砂柱などを観賞する。 （所要時間55分，行程2km）
鳥取砂丘東	砂丘の暮らしの基本コース	鳥取砂丘ジオパークセンターを起終点に，火山灰層露出，砂の美術館，弁天宮（多鯰ヶ池），ラッキョウ畑，五輪石塔群，弥長神社，一ツ山離水海食洞を巡る。 （所要時間1時間35km，行程6km）
	ラッキョウ畑コース	鳥取砂丘東部のオアシス広場を起終点に，福部砂丘の広大なラッキョウ畑，一ツ山離水海食洞を巡る。 （所要時間45分，行程3km）

（山陰海岸ジオパーク推進協議会「山陰海岸ジオパーク散策モデルコース」（2018年3月31日更新）より筆者作成）

3. 砂丘の保全再生活動

　鳥取砂丘では1970（昭和45）年頃から**外来植物**が繁茂するようになると，砂丘の草地化が進み，砂の移動が減少して美しい風紋や砂廉が見られなくなった（**写真4-3**）。また，ハマゴウ，ネコノシタ，ハマベノギクなどの在来植物の生育を脅かす生態系の問題が発生した。さらには，戦後植林された砂防林の伐採地の除草も課題であった。このため砂丘の除草は，砂丘の縮小防止と生態系や観光資源の保全に不可欠な作業となった。

　鳥取砂丘の草原化防止の取り組みは，1980（昭和55）年に「鳥取砂丘一斉

写真 4-3　鳥取砂丘の外来植物

(2012 年 8 月 27 日 筆者撮影)

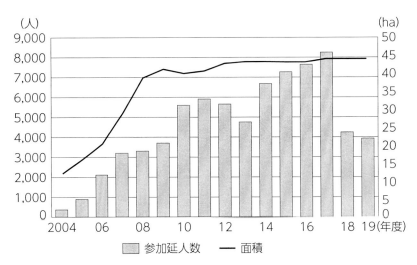

図 4-3　鳥取砂丘ボランティア除草活動の実績の推移

(鳥取砂丘再生会議「鳥取砂丘ボランティア除草の結果」より筆者作成)

清掃活動実行委員会」が結成され，地域住民の参加者 1,200 人が清掃活動を行ったことに始まり，1985（昭和60）年頃から自然保護団体が草抜きや除草剤の散布などを実施していた。1994（平成6）年4月には鳥取県，鳥取市，福部村（現，鳥取市）からなる「鳥取砂丘景観管理協議会」（現，鳥取砂丘景観保全協議会）を設立して，本格的な除草作業を開始した。この鳥取砂丘景観保全協議会は，2004（平成16）年にボランティア除草の開始，2007（平成19）年に企業・団体に一定区域の除草を担当してもらうアダプト除草を導入した。

さらに，翌 2008（平成20）年10月には「日本一の鳥取砂丘を守り育てる条例」を制定し，2009（平成21）年1月に全体会・保全再生部会・利活用部会の3部門で構成された**鳥取砂丘再生会議**を設立した。この鳥取砂丘再生会議は，同年4月に施行された「日本一の鳥取砂丘を守り育てる条例」の運営機関であり，地域の住民や企業・団体の協働による「砂の動く鳥取砂丘」の復活を目指している。事業内容は，①保全再生と適切な利用に向けた協議，調整および普及啓発の実施，②保全再生に関する調査，③保全再生の取り組みの促進および除草作業等に必要な事業の実施，④適切な利活用の促進および鳥取砂丘の魅力を情報発信するイベントの推進，⑤その他設置目的を達成するために必要な事業，としている。事務局は鳥取県生活環境部砂丘事務所に置かれ，経費負担は鳥取県と鳥取市が折半している。

砂丘の保全再生の重要な取り組みは，鳥取砂丘再生会議設立以前の 2004 年度から実施している上記のボランティア除草であり，2019 年度は参加延人数 3,927 人，面積 44 ha，除草量 2,561 kg であった。除草活動の実績の推移を見ると，初年度の 2004 年は参加延人数 371 人，面積 12 ha，除草量 1,713 kg であった。翌年以降も順調に実績をあげ，2012 年度と 2013 年度に一時減少したものの，その後再び増加傾向となり，2017 年度は過去最高の参加延人数 8,255 人，面積 44.0 ha を記録し，同年の除草量は 3,420 kg の活動実績であった（**図4-3**）。

4. まとめ

　鳥取砂丘は東西 16 km，南北 2.4 km，面積 545 ha，最大高低差 90 m の日本有数の砂丘である。鳥取砂丘の美しい海岸地形は，学術的にも希少価値があることから，1955 年に国の天然記念物に登録，1963 年には山陰海岸国立公園に指定，さらに，2010 年に山陰海岸ジオパークの構成資産として世界ジオパークネットワーク加盟が認定された。

　鳥取砂丘周辺の農家は，砂地に適した農作物としてラッキョウ・白ネギ・長いも・ナシなどの作物を栽培している。とりわけラッキョウは，1914 年に砂丘地で本格的な栽培が始まり，現在では日本有数のラッキョウ産地となっている。また，鳥取砂丘では，砂丘に関連した学術・芸術・観光施設や宿泊・商業施設が整備されているため，年間 120 万人の観光客が訪れている。観光客は 5 月と 8 月に多く，しかも関東地方以西の広範な地域から来訪している。

　鳥取砂丘の保全活動の中心は草原化防止である。鳥取砂丘再生会議は，鳥取県および鳥取市の両自治体と地域の住民・企業・団体で組織する機関であり，毎年実施されるボランティア除草は，砂丘の保全再生に成果をあげている。

■ 参考文献
池永正人（2008）：「鳥取県の鳥取砂丘」山村順次編著『図説・新日本地理—自然環境と地域変容』原書房，14〜15 頁。
山陰海岸ジオパーク推進協議会（2018）：「山陰海岸ジオパーク散策モデルコース」
（財）白然公園財団（2010）：『山陰海岸国立公園 パークガイド 鳥取砂丘』同財団，48 頁。
鳥取砂丘再生会議（2020）：「鳥取砂丘ボランティア除草の結果」，1 頁。
鳥取市経済観光部観光・ジオパーク推進課（2020）：「鳥取市主要観光施設等の入込客延べ人数」，1 頁。
農林水産省（2018）：「地域特産野菜生産状況調査（らっきょう）」，1 頁。

第5章

海洋リゾートの美観
ハワイ・オアフ島の観光地"ホノルル"

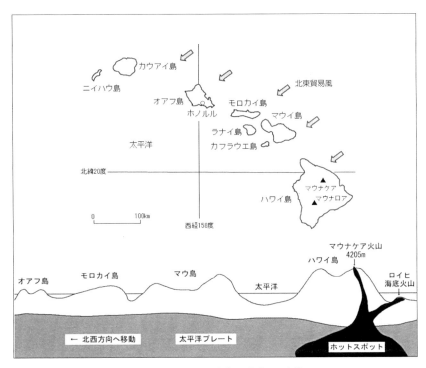

図5-1　ハワイ諸島の分布と形成

(筆者作成)

　この章では，世界を代表する海洋リゾートのハワイについて，まずハワイ諸島の形成と気候を把握する。次に，ハワイの多文化社会の形成と観光発展を学ぶ。そして，ハワイ州の州都ホノルルの自然と文化が反映された観光名所を理解する。

1. ハワイ諸島の形成と気候

（1）ホットスポットの火山地形

北太平洋の中央海域に位置するアメリカ合衆国**ハワイ州**（State of Hawaii）は，**ハワイアンチェーン**（Hawaiian chain）と呼ばれる延長3,300 kmの火山列島であり，比較的大きな8島の**ハワイ諸島**（16,626 ㎢）と小さな124島の**ハワイ北西諸島**（8 ㎢）から構成される。総面積16,634 ㎢は九州の40％の広さで四国よりやや小さい。

ハワイ諸島の8島は，北西から南東に向かってニイハウ（Niihau）・カウアイ（Kauai）・オアフ（Oahu）・モロカイ（Molokai）・ラナイ（Lanai）・マウイ（Maui）・カフラウエ（Kahoolawe）・ハワイ（Hawaii）の名称で呼ばれる。州都は**オアフ島のホノルル市**（Honolulu）である。最南端の**ハワイ島**（14,325 ㎢）は最も大きく，しかも新しい島であり，標高1222 mの**キラウエア**（Kilauea）の火山噴火にともなうマグマの流出と造山運動によって，年間16.3 haの割合で成長している。最高峰はハワイ島にある標高4205 mの**マウナケア**（Mauna Kea）で，海底5000 mから聳え立つ巨大な火山である（章扉の**図5-1**）。

ハワイアンチェーンは，地下の高温溶融状態の物質マグマが地表に噴き出る火山活動によって形成された。マグマは地球内部の核（コア core）とマントル（mantle）との境界付近で生成されると考えられており，マントルプリューム（mantle plume）と称されるマグマ上昇流が**プレート**（地殻 plate）の下部に集り，プレートを突き破って地表に噴き出る。このプレートの下部に集まったマグマ溜まりが，**ホットスポット**（hotspot）である。現在活発な火山活動がみられるハワイ島がホットスポットの上部に位置する。

また，ハワイアンチェーンは北西から南東に移行するにつれて島の形成が新しい。それは，島が太平洋プレートの上に位置して年間10 cmの速度で西北西に移動しているが，ホットスポットの位置は変化しないので形成された

火山島は噴火活動が弱まり，やがて噴火を終えることになる。ハワイ島の南東約30km沖には，水深1000mの海底に**ロイヒ**（Loihi，ハワイ語で「長いもの」の意味）と称される細長い**海底火山**が成長している。

（2）常夏の気候

ハワイの気候は，最寒月の平均気温が18℃を超えることから**熱帯気候**に属するが，降水量は島ごとに，あるいは同じ島でも場所で異なる。ケッペンの気候区分では，熱帯雨林気候（Af）と熱帯サバナ気候（Aw）に分類される。

ハワイは1年を通して常に北東から南西方向に風が吹いている。これは**北東貿易風**と呼ばれ，ハワイ諸島の北側と東側は風上，南側と西側は風下になる。風上側は，貿易風が山地斜面に当たり上昇気流になると冷却して水蒸気を凝結させ雲ができ，飽和すると降雨をもたらす。そして，湿気の少ない風が山地を越えると下降気流となり，風下側では気温が上昇して空気が乾燥するので降雨が少なくなる。

ハワイ島は山地がとても高く，**マウナロア**（Mauna Loa，標高4169m）とマウナケアの山頂は，貿易風の上空の乾燥した大気に達するため降雨は少ない。マウナケア山頂の気温は，最暖月（7月）5.8℃，最寒月（1月）−3.8℃を観測しており，10〜3月は降雪でスキーを楽しむことができる。北部のコハラ山地（Kohala Mountains）の風上側に位置するアラカヒ（Alakahi，標高1220m）では，雨と霧が常時発生してコケ類とシダ類で覆われた樹木の森林を形成している。この地域は年降水量3,800mmを超える。風下側のコハラ海岸（Kohala Coast）のカワイハエ（Kawaihae）は，年降水量250mm以下の著しく乾燥した砂漠気候の様相を呈している。

オアフ島では北部の**ノース・ショア**（North Shore）と東部のカイルア（Kailua），カネオエ（Kaneohe）は風上，南部のホノルルと西部のワイアナエ（Waianae）は風下に当たる。ホノルルの気候は，年平均気温23.3℃，最暖月（7月）27℃，最寒月（1月）22.7℃，年降水量562mmである。季節性は

4〜9月が乾季，10〜3月が雨季であり，年間の晴天率は70％と高い。このことは，ホノルルが海洋リゾートとして発展した自然条件の1つにあげられる。

2. ハワイの多文化社会の形成と観光発展

(1) 移民の島ハワイの歴史

　薄茶色の肌，黒い大きな目，褐色の髪，肉付き体型を特徴とするハワイの先住民は，ポリネシア人（Polynesian）に属する。アジアに先祖をもつポリネシア人は，長い歳月を経て島伝いに船で南太平洋のタヒチ島（Tahiti，フランス領）に移動し，さらに南はニュージーランド，東はイースター島（チリ領），北はマーケサス諸島（フランス領マルキーズ諸島）に移り住んでいった。そして，700年代にマーケサス人がハワイの島々に入植し，その後1100〜1200年代にタヒチ人が多数移住してハワイの初期社会を築いたとされている（図5-2）。

　1778年には，イギリス人の探検家ジェームス・クック（James Cook）がハワイ諸島を発見し，カウアイ島に上陸した。クックは，航海資金を援助した当時のイギリス海軍大臣サンドイッチ伯爵にちなみ，ハワイの島々をサンドイッチ諸島と命名した。それ以降，イギリス，フランス，スペイン，アメリカ合衆国の欧米列強が，交易や探検でハワイ諸島を訪れるようになった。当時のハワイの島々には，多数の部族が住み部族間の争いが生じていた。そのような状況下でハワイ島のカメハメハ1世（Kamehameha I，通称カメハメハ大王）は，いち早くイギリスの軍事顧問を従え，銃や大砲の近代兵器を用いて他の部族を制圧していった。そして，1810年にハワイの島々を統一してハワイ王国（Kingdom of Hawaii）を建国したのである。

　1850年に外国人にも土地所有の権利が与えられるようになると，移民によるサトウキビ農園の開発が始まった。日本からは，1868（明治元）年に「元年者」と称される153人が初めて移民した。その後1885（明治18）年に，

【先住民の湿地における農耕】　　　【先住民の主食ポイ Poi（タロイモ）】

図 5-2　先住ハワイ人の暮らし

(絵：Robin Yoko Racoma 原図，写真：2009 年 9 月 14 日筆者撮影)

日本からの最初の正式な移民 944 人がホノルル港に到着し，**日系移民**による農地の開拓も進められた。以降 1924（大正 13）年まで 22 万人の日本人が移民することになる。しかし，アメリカ合衆国の植民地政策により，1894 年には 84 年間のハワイ王国の歴史に幕が下り，ドールを初代大統領とするハワイ共和国が誕生したのである。4 年後の 1898 年にはアメリカ合衆国に併合されることになった。1903 年にパイナップルの缶詰製造に成功すると，オアフ島を中心に**パイナップル栽培**が拡大していった。そして，1959 年にアメリカ合衆国の 50 番目の州となるハワイ州が誕生したのである。

　現在，ハワイ州の人口は 142 万人（2018 年）であるが，オアフ島（ホノルル市郡）に 98 万人が居住（69％）している。純粋の人種構成（2018 年）をみると，白人系が 25.1％，フィリピン系 15.3％，日系 12.4％，ハワイアン系 6.1％，中国系 3.7％，黒人系 1.8％，韓国系 1.7％，サモア系 0.9％ほかの順となっている。近年は，フィリピン人の移民が最も多い。ちなみに，日系人の

ハワイ州人口に占める比率は，1900年に39.7％，1930年では42.7％，日米開戦前年の1940年には37.0％であった。

(2) ハワイの観光発展

　ハワイの観光は，1860年のハワイ島キラウエア火山の溶岩見物に始まる。20世紀になると**ハワイ観光**が発展するようになる。1901年にホノルルの**ワイキキ・ビーチ**（Waikiki Beach）に，ハワイで最初となる地中海式建築の白い**モアナ・ホテル**（Moana Hotel，現 モアナ サーフライダー ウェスティン リゾート＆スパ）が開業した。翌年には，ウィードンがサンフランシスコで6ヵ月間のハワイ観光の広報活動を行ったことで，2,000人の観光客（入国者数，以下同様）が1903年にハワイを訪問した。その後も観光客は増加し，日米開戦の前年である1940年には31,846人を数えた。しかし，翌1941（昭和16）年12月7日（日本時間は8日）に，日本軍によるホノルルの真珠湾攻撃を発端に太平洋戦争が始まると，観光客は激減した。

　戦後のハワイは，1959年の州昇格や1960年代の大型ジェット機の就航により，ホテルやビーチの整備が進められ観光客が急増（1961年32万人）した。そして，1970年代以降も観光客は順調に増加（1971年180万人，81年400万人）し，観光業を中核としたハワイの経済構造が確立された。

　1980年代後半から1991年までの数年間，いわゆる日本のバブル経済期に日本からハワイへの投資総額は約110億ドル（1兆6500億円，1990年の平均為替相場1ドル150円）に達した。主な投資先はホテル，コンドミニアム，ゴルフ場，ショッピングセンターなど**リゾート開発**であった。当時，日本企業が所有したホテルの総室数はハワイ州全体の60％を占めていた。しかし，バブル経済の崩壊後は日本からハワイへの投資は激減し，2000年代前半におけるホテルの総室数の比率は15％に減少した。

　2000年には695万人の観光客がハワイを訪問したが，2001年9月11日の米国同時多発テロ直後に観光客が激減し，この年は630万人（前年比率−9.3％，国内422万人−5％，海外208万人−17％）となった。その後も

2002年の世界的な感染症SARSの影響，2008年には世界経済不況により観光客数の伸び悩みの時期が続いた。近年では，再び日本企業による投資が増えて，ホテル総室数は20%にまで回復し，ゴルフ場も日本企業による経営が多くなっている。また，和食ブームに乗じて日本食飲食店が進出している。こうした事情を背景にハワイ州の観光客数は増加傾向が続き，2019年には過去最高の1042万4995人となった（**図5-3**）。

　このようにハワイの観光は，国際観光地ゆえに常に世界情勢の影響を受けながら発展してきたことが理解できる。

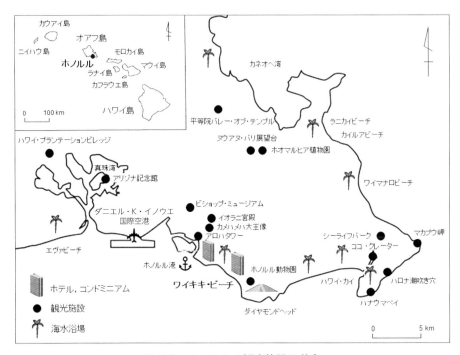

図5-3　ホノルルの観光施設の分布

（筆者作成）

(3) ハワイ観光の特性

　ハワイ州の中核産業は，住民が直接的・間接的に関わっている観光関連産業である。延べ観光客数 1 億 425 万人（2019 年，観光施設等の入り込み客総数）の総消費額 178 億 9000 万ドル（1 兆 9679 億円，2019 年の平均為替相場 1 ドル 110 円）は，州総生産 974 億 5600 万ドル（10 兆 7201 億円）の 18.4% を占める。これはハワイ州の年間予算 173 億ドル（1 兆 9030 億円，2018/19 会計年度）に相当する。これに次ぐのが軍事基地関連の消費額 122 億ドル（1 兆 3420 億円）である。伝統産業の砂糖・パイナップル生産は，人件費の高騰により輸入品に押され不振である。このため農家は花卉，マカデミアナッツ，コーヒーの栽培に転換する傾向にある。しかし，農業生産額は 5 億 6000 万ドル（616 億円）にすぎない。

　ハワイの観光資源は，常夏，美しい海岸，火山といった自然と，ポリネシア，東洋，西洋の多文化が融合した**ハワイアンカルチャー**（Hawaiian Culture）である。ホノルル市街地にある**ビショップ・ミュージアム**（Bishop Museum）では，歌舞音曲フラ（hula）やウクレレのレッスン，自然崇拝・魔除のレイ（lei）作りなどの**体験型観光**が行われている。これはハワイを訪れる観光客に，来訪前に抱いていた楽園のイメージ以上のことを体験してもらうことで，ハワイの自然や歴史，ハワイ社会が直面する問題を理解させる意図がある。また，同時にホスピタリティに満ちたハワイ人の**アロハ精神**（The Aloha Spirit）の理解につながる。

　ハワイ語の ALOHA は，A：Akahi（思いやり），L：Lokahi（統一），O：Olulu（礼儀），H：Ha'aha'a（素直な），A：Ahohui（忍耐）の 5 つの言葉の頭文字であり，また，ALO は「御前に」，HA は「神様の贈り物」，つまり「けがれのない清らかな心」とも解釈され，たくさんの意味をもっている。ハワイ人にとって最も重要なことは，人間として幸せに生きる喜びを感じているという，心の状態，心構え，生き方であるとされている。**オハナ**（Ohana）は家族を意味し，ハワイ人の基本的な生活単位であり，相互理解と協力，そして気持ちを明るくして生きることの大切さを育む場所である。

このようなハワイ人の観念と行動が観光客に共感され，ハワイ観光の発展を
もたらしたのである。

　2019年にハワイ州を訪れた日本人観光客は154万5806人である。これは
全州の15％を占め，アメリカ本土からの観光客65％に次ぐ数字であり，外
国人観光客では群を抜いて多い。また，日本人観光客の1人1日当たり平均
消費額240ドル（26,400円）は，アメリカ本土からの観光客の196ドル
（21,560円）に比べても多い金額である。このことから，日本人がハワイ観
光にとって最大の顧客であることが理解できる。

3. ホノルルの観光名所―自然と文化―

（1）ハワイ観光の先進地ワイキキ・ビーチ

①美しい風景のワイキキ・ビーチ

　ダイヤモンドヘッド（Diamond Head，標高232 m）に向かって弧を描く
ように伸びる白い砂浜海岸と林立する高層ホテル群，その間を縁取るカラカ
ウ通りの緑のヤシ並木，そして青い空と海，これらの解放感あふれる美しい
風景は，ワイキキ・ビーチのランドマークとしてポスターや絵はがきの定番
となっている（**写真5-1**）。

　ワイキキ・ビーチは，広義には西は中心市街地ダウンタウン（Downtown）
に近いヒルトン・ハワイアン・ビレッジ前の海岸から，東はダイヤモンド
ヘッド山麓のカピオラニ公園前の海岸まで延長3 kmにおよぶ。細部には西か
ら東に向かってデューク・カハナモク，フォート・デルッツ，グレイズ，ワ
イキキ，クヒオ，カピオラニ，カイマナの各ビーチ名が付けられている。ワ
イキキ・ビーチは，本来溶岩からなる岩石海岸であったが，観光客の海水浴
場造成のためにオアフ島北部のノース・ショアやアメリカ本土のカリフォル
ニアから白砂を運んで整備した人工ビーチである。

　一般的に呼称される狭義のワイキキ・ビーチは，グレイズ，ワイキキ，ク

【シェラトンホテルからの眺望】　　　　【ダイヤモンドヘッドからの眺望】

写真 5-1　ワイキキ・ビーチ
（2004年6月18日　筆者撮影）

ヒオの約1kmの海岸地区である。その中心部のクヒオは防波堤に囲まれた波静かな海岸であり，クヒオ・ビーチパークと呼ばれる。名称は，ハワイ最初のアメリカ議会の代議士であったクヒオ王子が所有する土地に由来する。クヒオ・ビーチパークには芝生の広場が多く設けられ，随所に湧水の小さな池や滝があり，フラステージも整備されているので，観光客を楽しませる様々な催しが毎日行われている。また，カラカウ通りの山側沿道は，シティホテル，リゾートホテル，コンドミニアムなどの宿泊施設のほかに，土産店，飲食店，雑貨店，衣料品店，スポーツ店など多種多様な商店が昼夜営業しており，観光客の購買意欲をそそる繁華街を形成している。

②マリンスポーツ・サーフィンのはじまり

　ワイキキの語源は，ハワイ語 wai kīkī の「水が湧き出る」を意味する。かつてのワイキキは背後のコオラウ山脈（Koolau Range）から流れ込む小川とその湧水によって湿地帯であったが，過ごしやすい気候であることからこの地に住みついた**先住ハワイ人**は主食のタロイモを栽培していた。

　ハワイ王国の**カメハメハ3世**（在位1825～1854年）は，1845年に**マウイ島**のラハイナ（Lahaina）からホノルルに首都を移転し，ホノルルの都市形成が始まる。そして，王族たちはワイキキの海で娯楽の波乗り，いわゆる

サーフィン（surfing）に興じていたという。とりわけカメハメハ3世はサーフィンの名手として知られている。カメハメハ3世世の1840年には，ハワイがキリスト教国に認められたこともあって，移住してきたキリスト教宣教師たちは，先住ハワイ人が裸同然の姿で波と戯れるサーフィンに不快感を抱くようになった。そして，キリスト教徒が増えるにつれてサーフィンに興じる人の姿が減少し，ハワイ王国が滅亡した1893年にはサーフィンは衰退していた。

　しかし，ハワイ王国時代の社会事情を著述したアメリカ人の**マーク・トウェイン**（Mark Twain）の旅行記『ハワイ通信（Letters from Hawaii）』，**ジャック・ロンドン**（Jack London）の著作『ハワイ短編集（The House of Pride)』などの文学作品には，サーフィンが紹介されていた。20世紀になるとアメリカ本土から訪れた白人観光客がサーフィンを楽しむようになり，サーフィンが観光によって復活することになったのである。

　そして，サーフィンの技巧に優れたホノルル出身の先住ハワイ人**デューク・カハナモク**（Duke Kahanamoku，1890〜1968年）が，1912年と1920年の2度のオリンピック水泳競技で金メダル3個を獲得するとともに，ハワイの親善大使として世界中を巡りサーフィンの普及に尽力した。こうした彼の活躍もあって，サーフィンがスポーツとして世界に広く認知されるようになり，ハワイを代表する**マリンスポーツ**に発展したのである。先住ハワイ人の英雄デューク・カハナモクの偉業を後世に伝えるため，1990年に生誕100年を記念してワイキキ・ビーチ交番の隣にデューク・カハナモク像が建立された。そこは，サーファーの聖地として観光名所になっている。

(2) ハワイの歴史・文化を今に伝えるビショップ・ミュージアム

①ビショップ・ミュージアムの設立

　ホノルルのビショップ・ミュージアムは，1889年にチャールズ・リード・ビショップが，妻であったハワイ王国のバニース・パウアヒ王女の追悼記念として建てた博物館であり，ハワイおよび工家伝来の美術工芸品が収蔵され

ている。正式名称はバニース・パウアヒ・ビショップ・ミュージアム
（Bernice Pauahi Bishop Museum）である。パウアヒ王女はカメハメハ王家
の直系子孫にあたり王位継承者であったが，王位継承を辞退してビショップ
と結婚しハワイの子ども教育に尽力したとされている（**図5-4**，**写真5-2**）。

　ビショップ・ミュージアムの本館である設立当初の建物は，**ポリネシア
ン・ホール**と**ハワイアン・ホール**で構成され，**カメハメハ・スクール**の構内
に建てられた。3階建ての建物の外壁には溶岩が使用され，豪華な階段には
ハワイ原産のコア（Koa，マメ科ネムノキ亜科アカシア属の樹木でカヌー，
ウクレレの材木）が使われている。カメハメハ・スクールは，ハワイの子ど
もたちが自国の伝統文化を学び継承することを目的としてパウアヒ王女が
1887年に設立した私立学校である。1960年代にカメハメハ・スクールは移

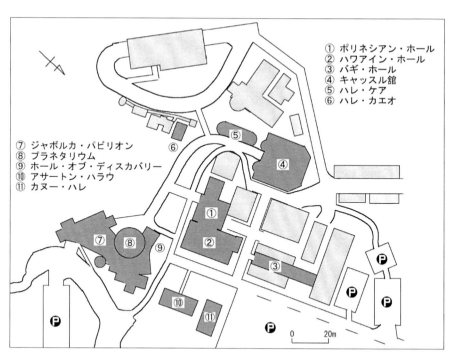

① ポリネシアン・ホール
② ハワアイン・ホール
③ バギ・ホール
④ キャッスル舘
⑤ ハレ・ケア
⑥ ハレ・カエオ
⑦ ジャボルカ・パビリオン
⑧ プラネタリウム
⑨ ホール・オブ・ディスカバリー
⑩ アサートン・ハラウ
⑪ カヌー・ハレ

0　　20m

図5-4　ビショップ・ミュージアムの施設配置

（筆者作成）

【本館】　　　　　　　　　　　【ハワイアン・ホール】

写真 5-2　ビショップ・ミュージアム

（2009 年 9 月 14 日 筆者撮影）

転し，現在はオアフ島，マウイ島，ハワイ島に各1校あり，小・中・高12年間の一貫教育を行っている。

　現在のビショップ・ミュージアムが単なる展示博物館ではなく，ハワイ語学習，フラのレッスンやレイ作りに代表される体験学習を導入して，ハワイの伝統文化を継承する教育の場として機能している由縁がここにある。また，太平洋の島々の自然・文化に関する美術工芸品，文献，写真などの収蔵品は 2,500 万点を超えるハワイ州最大の博物館である。

②ビショップ・ミュージアムの展示内容

　ビショップ・ミュージアム本館の入口はポリネシアン・ホールにある。1階は，19 世紀初期のハワイ王家の肖像画や王家を象徴する棒先に鳥の羽を飾ったカヒリ（kahili），ポリネシア人のルーツを示した地図，カヌー，釣具などが展示してある。2階はメラネシア，ミクロネシア，ポリネシアの太平洋の島々からもたらされた品物や先住民の暮らしについて紹介している。3階ではハワイ諸島の火山活動と生態系の進化について展示してある。

　ポリネシアン・ホールの右手にはハワイアン・ホールがある。屋内は中央が吹き抜けになった3層の回廊が取り付けられている。また，天井から吊り下げられた長さ 18 m のマッコウ鯨の標本は，ジェームス・クック渡来以降，

ハワイが捕鯨船の寄港地として栄えたことを物語っている。

　各階の回廊には，洗練された上品なヴィクトリアン調の展示ケースが並び，ポリネシア人のハワイ移住時代から繁栄したハワイ王国の歴史と文化を知る数々の文物が展示されている。回廊の1階は先住ハワイ人の信仰の神々，伝説，神話をテーマにした暮らしを紹介している。2階は先住ハワイ人の生活道具や装飾品，フラに用いる楽器類などが展示され，3階にはハワイ王国歴代の王や女王に関係する多数の物品が陳列されている。とりわけ，建国のカメハメハ大王が身に着けた黄色羽と赤色羽で編まれた豪華なマントは，ハワイ固有種のミツドリの羽数十万本が使われたとされている。しかし，自然を崇拝する先住ハワイ人は，1羽の鳥から多数の羽をむしり取ることなく，捕獲した鳥は5，6本の羽を採集して放したといわれる。

　ホールでは先住ハワイ人の実物大の**草葺き家屋**と，部族の酋長が戦争の勝利を祈願する神殿や祭儀所であった聖地**ヘイアウ**（heiau）が再現されている。そして，これらの伝統的建物を背景に，開館日の定時には古典フラと**ハワイアン・ミュージック**が催され，ハワイの伝統文化の啓蒙に努めているのである。

　本館に併設された催し物会場の**ハレ・ケア**（Hale Kea）では，ハワイの伝統文化を体験学習するホーイケイケとラクレアの特別プログラムが用意されている。ホーイケイケは，レイ作り，フラやウクレレのレッスン，館内案内，ガーデンツアー，フラとハワイアン・ミュージックのショー，ハワイの伝統料理のランチなどの内容である。ラクレアは，フラまたはウクレレのレッスンとレイ作りを専門家から集中的に指導を受ける。

　現在のビショップ・ミュージアムは，上記の本館，ハレ・ケアのほかに，隣接の**キャッスル館**は膨大な文献・資料の収蔵と季節ごとに特別展の開催，プラネタリウムではハワイの星空観察など，多種施設を運営する総合博物館に発展した。とりわけ，ポリネシア文化圏の歴史学・文化人類学・自然科学に関しては，世界規模の研究機関である。

4. まとめ

　ハワイ・オアフ島のホノルルは，居住に適した気候と地形の自然環境において，先住ハワイ人と後発移民の生活様式が融合した**多文化社会**が形成されている。このことをホノルルの海洋リゾートの美観としてとらえることができる。しかし，観光客の増加による水不足，自動車交通の渋滞・騒音，ゴミ処理，海岸の漂着ゴミ，日焼け止めローションによる魚・サンゴの生息への悪影響，先住ハワイ人の聖地・遺跡の保護などは従来から指摘されている問題であり，それらの対策がなされてきた。

　そうしたなか，近年深刻な問題になっているのが，気候変動による海水面の上昇と高潮による海岸侵食である。ハワイ気候委員会の報告によると，現在のワイキキ・ビーチは毎年 20〜30 cm の砂浜が波の侵食で狭まっており，何も対策をしなければ 15〜20 年後には砂浜が水没して，市街地の浸水被害が発生することが予想されている。砂の補給やビーチの修復は，1939 年以降繰り返し実施されてきたが，最近では極端に大きな潮の満ち引きの**キングタイド**（king tide）が発生する頻度が高まり，満潮時に浸水被害を引き起こしている。2017 年 4 月 28 日に発生したキングタイドは，ワイキキ・ビーチを冠水させ沿岸のカワカウ通りが浸水した。その対策として，沖に流された海底の砂を掘り起こしてワイキキ・ビーチに戻す作業を行うとともに，サンドマットレスの導入や突堤建設など，美しい白い砂浜を守る取り組みがなされている。

【参考文献】

Phil Barnes, A Concise History of the Hawaiian Islands, 1999, Petroglyph Press, 87p.

James O. Juvik, Thomas R. Paradise, Sonia P. Juvik, Student Atlas of Hawai'i, 1999, Bess Press 49p.

Joseph R. Morgan, Hawai'i —A Unique Geography, 1996, Bess Press 244p.

Julie Stewart Williams, illustrated by Robin Yoko Racoma, FROM THE MOUNTAINS TO THE SEA —Early Hawaiian Life, Kamehameha Schools Press

Honolulu, 1997,177p.

Richard W. Hazlett, Donald W. Hyndman, Roadside Geology of Hawai'i, 1996, Mountain Press 307p.

Bishop Museum, https://www.bishopmuseum.org（2021 年 1 月 1 日閲覧）

Department of Business, Economic Development & Tourism, 2019 State of Hawaii Data Book,

https://www.dbedt.hawaii.gov/economic/databook/db2019/（2021年1月 1 日閲覧）

第6章

山岳の美観
日本の山岳観光先進地
"立山黒部アルペンルート"

図6-1　立山黒部アルペンルートの交通

（筆者作成）

この章では，日本を代表する山岳観光地の立山黒部アルペンルートについて，まず自然環境を把握する。次に，山岳信仰から近代登山へ，さらに大衆観光の時代へと発展した立山黒部の観光を学ぶ。そして，現在の観光客の特性を理解する。

1. 中部山岳国立公園の自然環境

(1) 日本のアルピニズム発祥地

　日本の著名な自然観光地域は，国立公園・国定公園・都道府県立自然公園など，いわゆる自然公園に指定された地域に多い。自然公園は，1957（昭和32）年に国立公園法（1931〔昭和6〕年施行）が自然公園法に変わり，優れた自然の景勝地を保護するとともに，多くの人々に自然に親しんでもらうことを目的として，上記の3種類の自然公園体系が整えられた。そのうち，国立公園は日本を代表する傑出した自然風景地を環境省が指定し直接管理するものであり，2020年9月現在34ヵ所，陸域面積は国土の5.5%に相当する。

　1934（昭和9）年12月4日に指定された中部山岳国立公園は，富山，新潟，長野，岐阜の県境に南北に横たわる飛騨山脈を中心としており，この飛騨山脈は一般に北アルプスと呼ばれ，日本のアルピニズム（近代登山）発祥の地である。日本にある3000m級の山嶺の約半数が北アルプスに集中しており，山頂付近に見られるカール（圏谷）やホルン（尖峰）は，氷河時代の氷食地形の名残である。高峻で変化に富んだ地形は，黒部川の西側に連なる立山（3015m）・剱岳（2999m）などの立山連峰，これに対峙する東側の白馬岳（2932m）・針ノ木岳（2820m）などを有する後立山連峰，そして両連峰の間には典型的なV字谷の黒部峡谷が見られる（章扉の図6-1）。さらには，信濃川支流の梓川の源流である槍ヶ岳（3180m）・奥穂高岳（3190m）などの槍・穂高連峰，上高地，乗鞍高原などの景勝地をつくり，四季折々に美しい山岳景観を呈している。

(2) 世界有数の豪雪地域

　中部山岳国立公園は世界有数の豪雪地域である。冬季はシベリア高気圧が勢力を増し，非常に冷たい季節風を日本列島にもたらす。これは北西季節風

と呼ばれ，日本海を吹走して暖流の対馬海流の海水から多量の水蒸気を補給し湿った空気となる。とりわけ北陸地方は，日本海の大陸沿岸との幅が最も広い位置にあり，季節風の水蒸気補給時間が長く，飛騨山脈，越後山脈，奥羽山脈などの脊梁山脈に突き当たって上昇気流となるため，中山間地域に多量の雪を降らせる。立山黒部アルペンルートの最高所の立山室堂平（2450 m）では，平均7 mの積雪がある。また，里雪型と呼ばれるもので，上空に寒気が入ったり，寒冷渦が接近したりすると平地地域では大雪となる。たとえば，新潟県上越市高田では月の最深積雪は377 cm（1945年2月26日），1日の最深積雪は120 cm（1969年1月1日）を記録した。

　雪は交通障害や雪崩，融雪洪水などの災害をまねく一方で，水力発電の水資源として，またスキーの観光資源として地域経済に寄与していることはいうまでもない。

2. 立山黒部の観光発展

（1）信仰登山から近代登山の時代

　富士山，白山とともに日本三霊山に数えられる立山は，天台密教や浄土教の影響を受けた雄山神社（山頂の峯本社，芦峅寺の根本中宮，岩峅寺の前立社壇の3社）の山岳信仰が平安時代に確立した。江戸時代には，加賀藩が社殿の修理・造営や宿坊を整備するなど立山信仰を厚く保護した。また，芦峅寺と岩峅寺の宿坊の御師たちは，立山御絵伝の掛図「立山曼荼羅」（図6-2）を掲げて東北から九州に至る広い範囲で立山登山を勧進した。やがて立山信仰は全国各地に広がり，多くの人々が立山に登拝するようになった。

　明治時代になると，加賀藩が通行を禁止していた登山道が解禁され，イギリスのウォルター・ウェストン（Walter Weston）など登山愛好家たちによってスポーツとしての近代登山の幕開けが到来した。また，女人禁制が1872（明治5）年3月に解かれ，女性の登山も活発に行われるようになった

図6-2 立山御絵伝の掛図「立山曼荼羅」
（立山黒部貫光）

のである。

ウェストンは，1888（明治21）年から1894（明治27）年に宣教師として神戸に滞在し，飛騨山脈・木曽山脈・赤石山脈の山々を登山した。この山旅で見た情景と感慨を記したのが，1896（明治29）年にイギリスで出版された著書『MOUNTAINEERING AND EXPLORATION IN THE JAPANESE ALPS』（日本アルプスの登山と探検）である。この著書によって，日本の山地の魅力が世界に知られるようになった。このことを端的に示しているのが，次の文章である。

「日本アルプスには，氷河をまとってきらきら輝く峰はない。また，その規模は有名なスイスアルプスに比べると，ほんの三分の二にしか当たらない。それは事実としても，その渓谷の絵のような美しさと，広大な山腹を蔽って静まり返っている暗い樹林の荘厳さは，私がヨーロッパアルプスで見たものをはるかに超えていた。」（ウェストン著，青木訳：311頁15行〜312頁4行）。

(2) 立山黒部アルペンルート開通による大衆観光

①立山黒部アルペンルート

　中部山岳国立公園の立山と黒部の峡谷が，日本有数の山岳観光地になるのは，1963（昭和38）年に黒部ダム（黒部第四ダム）が完成し，1971（昭和46）年に立山トンネルバス，立山ロープウェイ，全線地下式黒部ケーブルカーを利用する立山黒部アルペンルート（直線距離25km，高度差1,975m）の全線開通以降である（**図6-3**）。

　立山黒部アルペンルートは，富山県立山町の富山地方鉄道立山駅と，長野県大町市の関電トロリーバス扇沢駅を結ぶ山岳観光交通路であり，沿線は自然保護と交通安全保障の観点からマイカー乗り入れを禁止した**カーフリー**の観光地である。このルートの交通機関は，立山黒部貫光株式会社がケーブルカー，バス，トロリーバス，ロープウェイ，また関西電力株式会社が電気バスをそれぞれ運営しており，片道大人の運賃（2020年9月現在）は，電鉄富山〜信濃大町：11,050円，電鉄立山駅〜扇沢：8,430円と高額に設定されて

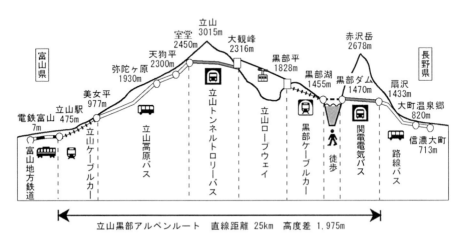

図6-3　立山黒部アルペンルートの横断図

（筆者作成）

いる。しかし，雄大で美しい北アルプスの山岳景観は，高額な運賃に見合う観光資源として評価され，毎年100万人の観光客を呼び寄せているのである。

②富山地方鉄道立山駅周辺の名所

古来高い所は神や仏に近いところと信じられており，山岳信仰はこのような考えに基づく。越中登山は男子15歳の成人儀式として行われたものであり，登頂の証に御札をもらった。女人禁制であった立山の信仰登山は，江戸時代に加賀藩主前田利家の妻・松の意見で，女子も山麓で参拝が許されるようになった。その場所が女人堂であり，年に1度参拝して極楽浄土に行く御札（パスポート）をもらった。富山地方鉄道立山駅近くの立山口にある赤色の布橋は，女人堂の入口であり，当時赤い布を敷いたことに名称の由来がある。

立山駅まで自家用車で行けるが，その後はケーブルカーとバスの公共交通機関を利用して室堂まで登る。つまり，自動車の乗り入れを制限した山岳観光地である。また，立山口から長野県扇沢までの自家用車代行サービスがあるが，その料金は3万円である。常願寺川上流にある称名滝は日本一の落差350 mを有し，5月初旬が最も水量の多い時期である。

③立山黒部アルペンルートの交通機関─有料道路と軌道・索道

立山有料道路は，貸切観光バス（乗車定員30人以上）とマイクロバス（乗車定員11～29人以下）のみが通行できる。桂台～室堂（走行距離28 km，所要時間60分）の往復通行料金（2020年9月現在）は，貸切観光バスが5万2800円，マイクロバスが1万9800円と高額である。立山有料道路沿線の樹木は，高度を増すにつれて高山杉林からブナ林に移行する。また，道路建設後に杉を植林したところが見られる。

立山有料道路の終点室堂に最高時20 mを超える雪の壁は，道路の除雪作業でつくられた（**写真6-1，図6-4**）。延長約500 mのその区間を「雪の大谷」と称し，毎年4月中旬から6月初旬まで道路の片側を歩行者用通路とし

【室堂バスターミナル】　　　　　　　　　【雪の大谷ウォーク区間】

写真 6-1　立山室堂

(2012 年 5 月 3 日 筆者撮影)

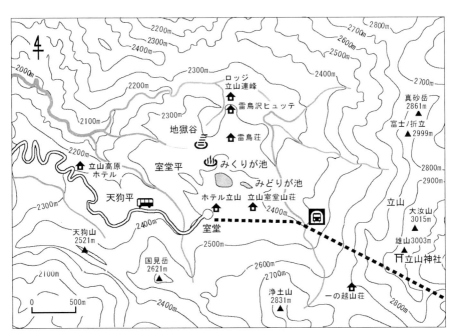

図 6-4　立山室堂の観光資源

(筆者作成)

て開放し雪の大谷ウォークが催される。なお，道路の除雪費は1億5000万円を要するとのことである。

　筆者が訪れた2012年5月3日の雪の壁は，17mが最高であった。正午の気象は曇り，気温24℃，湿度35％で，天気は徐々に回復してきたが，立山山頂は雲に蔽われて眺望できなかった。しかし，空気が澄んでおり周囲の山嶺の見晴らしは良好であった。ちなみに，立山黒部アルペンルートには，室堂を中心として季節営業の宿泊施設（ホテル・山荘・山小屋）が33軒あり，その収容人員3,629人である。

　室堂から立山トンネルトロリーバスに乗車し，大観峰（だいかんぼう）に出ると後立山連峰のパノラマが眼前に広がる（**写真6-2**）。ここから黒部平まで延長1,700m，

【後立山連峰と黒部湖】　　　　　　　【黒部ダム】

【立山ロープウェイ】　　　　　　　【黒部ケーブルカー】

写真6-2　立山黒部の山岳景観と交通機関

（2012年5月3日　筆者撮影）

高度差500mの立山ロープウェイを利用することになり，支柱のないロープウェイとしては日本一長い。ロープウェイ搭乗前の10分程度，乗車改札口に整列している観光客に対して，駅員がロープウェイの説明後，商魂たくましくパノラマ写真集の販売案内を行っていた。黒部平からは，地中を走行する黒部ケーブルカーに乗り，所要時間5分で標高1455mの黒部湖に下る。

3. 観光客の特性

　立山黒部アルペンルートと，その代表的な観光名所黒部ダムの最近5年間（2015～2019年）の観光客数は，100万人前後で推移している（**図6-5**）。2019年は前者が88万人，後者の黒部ダムが90万人であった。また，外国人観光客数を立山黒部アルペンルートに見ると，2019年は観光客数88万人の1／4の24万人である。その内訳は，台湾が全体の52％を占める12万5700人であり，以下，香港3万1400人，韓国1万9100人，タイ1万6900人，中

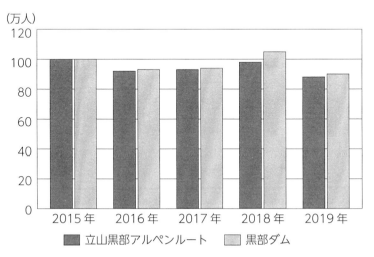

図6-5　立山黒部アルペンルートと黒部ダムの観光客数の推移
(「富山県観光客入込数」，「長野県観光地利用者統計調査結果」より筆者作成)

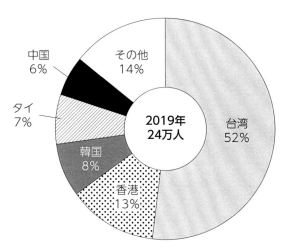

図6-6　立山黒部アルペンルートの外国人観光客数
（立山黒部貫光の統計数値より筆者作成）

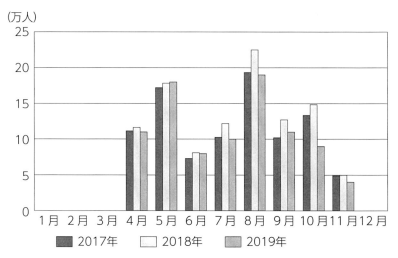

図6-7　黒部ダム月別観光客数
（「長野県観光地利用者統計調査結果」より筆者作成）

国1万100人の順に多い（**図6-6**）。

ここで，黒部ダムの最近3年間の月別観光客数を明示することで観光の季節性を分析しよう。上記のように年間90万人の観光客が訪れる黒部ダムでは，積雪で交通機関が運休する12月から翌年3月の厳冬期4ヵ月間は観光客がいないが，夏休みの8月に観光客が20万人で最も多く，新緑の5月が17万人，紅葉の10月が13万人といった3つの繁忙期があることがわかる。また，年次によって観光客数に差異が認められるのは，寒暖の気候変動や自然災害などの自然現象，経済の景気変動や国際関係などの社会事情によるものである（**図6-7**）。

4. まとめ

立山黒部アルペンルートは，年間100万人の観光客が訪れるにもかかわらず，沿線の自然環境保全と観光開発の両者において，調和のとれた地域資源の活用がなされている。

外国人観光客数は全観光客数の1／4程度であり，しかも台湾・香港・韓国・中国など限られた国・地域からの来訪者である。欧米諸国を含めた多国籍の外国人観光客の誘致を図るためには，多言語案内表記，通訳ガイド，情報発信などのハード面とソフト面の整備が課題としてあげられる。

山地の観光資源は，山嶺・森林・新緑・紅葉・草原・湖沼・渓流・滝・川魚・雪・氷河・火山・温泉などの自然そのものである。これらの自然資源を活用した観光形態は，登山をはじめ，ハイキング・キャンプ・スキー・スノーボード・森林浴・自然観察・紅葉狩り・川下り・釣り・ハングライダー・マウンテンバイクなど様々である。このような多様な潜在的観光資源を地域の事情に応じて選択し，地域振興に活かすことが肝要であると考える。

■ **参考文献**

池永正人（2008）：「1 日本の地形環境」山村順次編『図説 新・日本地理—自然環境と地域変容』原書房，4〜14頁。

池永正人 (2012):「第3章 自然観光地域」山村順次編著『観光地理学—観光地域の形成と課題 (第2版)』同文舘出版，51〜77頁。

ウェストン著，青木枝朗訳 (1997):『日本アルプスの登山と探検』岩波文庫，381頁。

富山県観光・地域振興局観光課:「富山県観光客入込数」(平成27年〜令和元年)。

長野県観光部観光企画課:「観光地利用者統計調査結果」(平成27年〜令和元年)。

第7章

温泉地の美観
スイスの温泉保養地 "リギカルトバート"

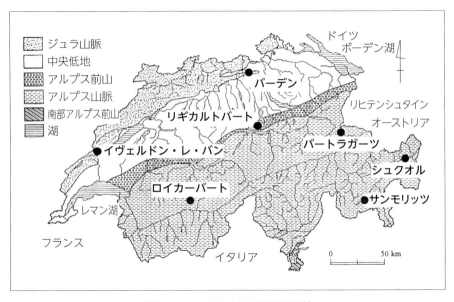

図7-1　スイスの主な温泉保養地
（筆者作成）

この章では，スイスで最初の山岳ホテルやヨーロッパ初の登山鉄道を開業し，スイスにおける山岳観光の先駆をなしたリギカルトバートについて，その歴史的変遷および温泉入浴と組み合わせた多様な観光形態を学ぶ。とりわけ，リギ山周辺の保養に適した自然環境と整備された観光客輸送機関が，観光の多様性を実現させていることを理解する。

1. スイスの温泉保養地

　スイスの人口は854万人（2018年，スイス連邦統計）であり，国土面積は沖縄県を除く九州地方とほぼ同じ広さ（4.1万㎢）である。国土の7割を山地が占め，南部はモンテローザ（4634 m）を最高峰とする4000 m級の山嶺が連なる高峻な**アルプス山脈**，北部は比較的なだらかなジュラ山脈が東西に走り，そこには中世に成立した**温泉保養地**が分布している（章扉の**図7-1**）。

　スイスの温泉地の地名は，日本と同様に「湯」や「浴場」を意味する文字が使われているところが多い。たとえば，ドイツ語圏のバーデン（Baden），バートラガーツ（Bad Ragaz），ロイカーバート（Leukerbad）などのBad（バート）や，フランス語圏のイヴェルドン・レ・バン（Yverdon les Bains）のBain（バン）はこれに該当する。

　アルプス山脈は，ユーラシアプレートに南のアフリカプレートが衝突して形成された褶曲山地であり，地層が90度回転あるいは180度反転しているところが随所に見られる。このためスイスの温泉は，地熱で温められた地下水が地層の境目や断層の切れ目を通り抜けて湧出している非火山性温泉がほとんどである（**表7-1**）。スイスには20℃以上の温泉が約20ヵ所，それ以下の温度の鉱泉が約250ヵ所あるといわれる。日本の湯治と同様に身体の治癒や療養目的に温泉が利用されているが，水着を着用して入浴する習慣は日本と異なる。また，スイスの温泉利用は2000年前のローマ時代にまでさかのぼり，旅人の疲れを癒やしたとさ

表7-1　リギカルトバートの温泉成分

区分	成分		mg/l
陽イオン	カルシウム	Ca	55.8
	マグネシウム	Mg	6.4
	鉄	Fe	<0.01
	マンガン	Mn	<0.01
	アンモニウム	NH_4	<0.03
陰イオン	塩化物	Cl	1.4
	臭化物	Br	< 0.01
	フッ化物	F	0.03
	硫酸塩	SO_4	1.7
	炭酸水素塩	HCO_3	203
	硝酸塩	NO_3	3.3
水素イオン濃度		pH	7.7

（AQUA-SPA-RESORTS より筆者作成）

れている。

　一方，スイスは永世中立国（1815年ウィーン会議で承認）であることから，国際連合の欧州本部や各種専門機関が置かれている。このため，世界の政財界の要人や富裕層が訪れる特異な国である。また，日本と同様に世界屈指の長寿国（2018年：男女平均寿命83.3歳，世界保健統計）であり，1人当たり国内総生産（GDP）は世界第2位（2018年：83,162USドル，日本：39,304USドル，第26位）の豊かな国である。このようなスイスの自然環境や社会環境は，温泉保養地の多様な観光形態に反映されている。

　スイス中央部の**フィアヴァルトシュテッター湖**（標高434m）に面したルッツェルン州ヴェッギス村（Weggis）には，**リギ山**（1798m）の南側中腹に温泉保養地**リギカルトバート**（Rigi Kaltbad，1433m）がある（**写真7-1**）。そこは，スイスで最初の山岳ホテルやヨーロッパ初の登山鉄道が開業し，スイスにおける**山岳観光**の先駆をなした温泉保養地である。地名の「カルトバート」は，ドイツ語の冷たい水が湧出する所，つまり**鉱泉地**を意味する。

【リギカルトバート】　　　　　【リギ山からの眺望】

写真7-1　リギカルトバートとリギ山の風景
（2013年8月21日 筆者撮影）

2. リギカルトバートにおける温泉保養の始まり

（1）キリスト教徒の巡礼

　スイスのアルプス地方では，12世紀ごろから農民が入植するようになった。リギ山麓においても同様であり，やがてリギ山にキリスト教の巡礼者が訪れるようになる。クロスターアインシーデルンの主席司祭であるアルブレヒト・フォン・ボンシュテッテン（Albrecht von Bonstetten）は，1479年にリギ山を中心に位置づけたスイスで最初の地図を描いた。リギ山の周辺には，1291年のスイス建国の礎を築いた原初同盟を結んだウーリ，シュヴィーツ，ウンターヴァルデンの3州を描き，さらに1353年に原初同盟に加わったルッツェルン市，チューリヒ市，ベルン市の3都市とツーク州，グラールス州の2州を配置した。いわゆる八州同盟の地図である。

　リギカルトバートに最初のキリスト教の礼拝堂が築かれたのは1556年とされており，そこは岩間の鉱泉が湧出する場所である。3人の**カトリック修道女**が難を逃れてこの地に暮らすようになり，この鉱泉を発見したと伝えられている。1560年にリギカルトバートが属するヴェッギス村出身のジョラー（Joler）が鉱泉入浴の健康を提唱したことで，リギカルトバートにおける温泉保養が始まった。巡礼者の庵ができると夏季に多くの隠者が滞在するようになった。1600年ごろには，夏季に毎日100人以上の温泉入浴客がリギカルトバートを訪れていた。1689年に，**リギ修道院**の礼拝堂に「雪のマリア像」が献納されると毎年15,000人の巡礼者が訪問するようになり，1730年ごろには年間25,000人の巡礼者を数えた。

　1775年にドイツ人の小説家・詩人の**ゲーテ**（Goethe）は，最初のスイス旅行でリギ山を訪れ，フィアヴァルトシュテッター湖に突き出た岬のリギ山頂から眺めるアルプス山脈や中央低地の息をのむような風景に感動して，その壮観な光景を日記に書き記している。また，1792年には医師・詩人であるスイス人の**ハラー**（Haller）が詩編『アルプス』を出版すると，リギ山の素晴

らしい眺望とリギカルトバートの温泉入浴が国内外に知られるようになった。

(2) 保養観光の黎明

　19世紀に入り，1805年にマルチン・ビュルギ（Martin Bürgi）がリギ修道院の上方にホテルクローネを開業した。同年，ビュルギはリギ山頂のなだらかな場所に新たなホテル建設の準備に取りかかった。しばしばリギ修道院を訪れていた著名なチューリヒのパノラマ図案家ハインリヒ・ケラー（Heinrich Keller）は，ビュルギのホテル建設の話に共感して，チューリヒで建設資金の募金活動を始めた。大きな成果として971スイスフランが集められ，それは現在のおよそ25,000スイスフラン（約287万円，2020年9月20日現在，1スイスフラン＝115円換算）に相当する。この資金でホテル建設の出資が可能になった。引き続いて1816年には，スイスの大都市チューリヒに住む338人の支援者が総額1,400スイスフラン（現在の金額で約36,000スイスフラン，約414万円）を寄付した。この資金でビュルギは，同年スイスで最初の山岳ホテルである**リギクルム**（Rigi Kulm）を開業したのである（**図7-2**）。このホテルの開業は，スイスの山岳観光の先駆をなす価値あるものとなった。3年後の1819年には，すでに1,000人を超える観光客がリギ山頂を訪れていた。

　1840年に入浴・飲用療法を提供する療養ホテルが，リギカルトバートの南東5kmに位置するリギシャイデック（Rigi Scheidegg，1656m）に開業した。1848年には新たな石造の130ベッドを有するクルムホテルが営業を始め，料金は部屋2フラン，給仕1フラン，朝食1.5フラン，昼食と夕食各3

図7-2　リギクルム
（『RIGI Königen der Berge』より引用）

フランであり，当時年間 4,000〜5,000 人が来訪したとされている。宿泊客の増加にともないクルムホテルの空き部屋が少なくなると，1857 年にはリギ山頂に 200 ベッドを有するホテルレギナモンチウムが開業した。さらに，翌1858 年にはリギカルトバートに 240 ベッド，食堂，宴会場，女性室，執務室，音楽室を備えた大型のノーベルホテルが営業を始め，同年イギリスの**ヴィクトリア女王**（Victoria）がリギ山西麓のフィアヴァルトシュテッター湖畔のキュスナッハト（Küssnacht，435 m）からリギカルトバートに馬で来訪し，眼前に広がる素晴らしい眺望に感激したことを，Adi Kält（2012）が明記している。

3. 温泉保養地リギカルトバートの形成

（1）登山鉄道開通による観光の大衆化

　日本では近代国家建設の黎明期である 1871（明治 4）年に，リギ山南麓のフィアヴァルトシュテッター湖畔のフィッツナウ（Vitznau，435 m）からリギシュタッフェル（Rigi Staffel，1603 m）へのヨーロッパ初の登山鉄道が開業し，その式典は**ラックレール**を発明したニークラウス・リゲンバッハ（Niklaus Riggenbach）の 54 歳の誕生日である 5 月 21 日に行われた。4 年後の 1875 年には，リギ山北麓のツーク湖畔のゴルダウ（Goldau，510 m）方面からもリギ山に到達できる 2 番目の**アプト式登山鉄道**が開通した（**図 7-3**，**写真 7-2**）。

　この年リギ山頂に 3 番目に開業したホテルは，300 ベッド，2 つのレストラン，ビリアード室，会議室，女性室，図書室，音楽ホールを備えた豪華なグランドホテルシュライバーである。建築期間は 3 年を要し，建築用敷地の費用に 20 万スイスフランを費やした。この華麗なホテルは，贅沢であることや有名な料理長を採用していることなど富裕者向けに特化した。

　この頃，バイエルン国王（現，ドイツ・バイエルン州）最後の皇帝となっ

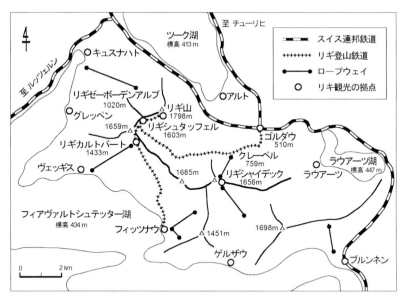

図7-3　リギ山周辺の観光客輸送機関（2020年）

(筆者作成)

【リギ登山鉄道の蒸気機関車（1873年）】　【リギ登山鉄道の電車（2013年）】

写真7-2　リギ登山鉄道の車両

(左：『RIGI Königen der Berge』より引用，右：2013年8月21日 筆者撮影)

たルートヴィッヒ2世（Ludwig II）は，随行人たちを携えて数回リギ山に来訪している。1日当たりの滞在費用20スイスフランは，当時の一般労働者1週間分の賃金に相当したといわれ，「申し分のない快適な滞在」であったと

の感想が残されている。また，諸国を漫遊していたアメリカ人作家のマーク・トウェインも 1879 年にリギ山を訪問し，「リギ山への旅」を日記帳に記している。

（2）冬季観光の始まりと二度の世界大戦による観光不振

　20 世紀に入り観光の大衆化が一層進展し，1903 年 8 月のグランドホテルシュライバーの宿泊部門収入は過去最高の 99,208 スイスフラン（レストラン部門収入を除く）となり，8 月 8 日には最大 237 名の宿泊客があった。その内訳は，ドイツ人 72 名，フランス人 47 名，アメリカ人 30 名，ロシア人 21 名，スイス人 11 名，イギリス人 5 名などである。

　1906 年に**フィッツナウ・リギ鉄道**が初めて冬季営業を開始したことで，リギ山における**スキー観光**が始まりホテルの冬季営業も行われるようになった（**写真 7-3**）。当時は依然として夏季観光が中心であり，繁忙期の 1908 年 8 月のクルムホテルの飲食物注文は，たまご 14,100 個，パン 1,730 kg，ビスケット 141 kg，若鶏肉 1,980 kg であったことが記録されている。しかし，1914 年の第一次世界大戦勃発は，リギ山への富裕者や貴族の観光流入の予期せぬ中断を招くことになった。

【冬季のリギ山頂】　　　　　　　　【スキー客】

写真 7-3　冬季のリギカルトバート
（2017 年 12 月 23 日 筆者撮影）

（3） 第二次世界大戦後のロープウェイの架設とホテルの近代化

　1945 年の第二次世界大戦後は，リギ山周辺の保養地への新たな輸送機関としてロープウェイの架設が進められ輸送能力が増強した。1953 年のクレーベル（Kräbel, 759 m）とリギシャイデックを結ぶロープウェイの開業，翌 1954 年 8 月にはキュスナハトとリギゼーボーデンアルプ（Rigi Seebodenalp, 1020 m）を結ぶロープウェイが営業を開始した。そして，1968 年にはリギカルトバートにおいて，フィアヴァルトシュテッター湖畔のヴェギスからリギカルトバートまで直通で至るヴェギス・ロープウェイの開業祝典が行われた。

　一方，観光客の増加にともなうホテルの近代化も進展した。1954 年にシュヴィーツの建設業者エルンスト・ケッペリ・ライヒリン（Ernst Käppeli-Reichlin）がリギクルムホテルを買収し，チューリヒの建築家マックス・コップ（Max Kopp）の設計により現在のリギクルムホテルに改築された。改築に際しては，あらゆる有用な物資や事物も再利用され，部屋の寄せ木張りの床，砂岩の石段と角石，鏡などが，今日なおそのことを証明している。しかし，1961 年 2 月 9 日にリギカルトバートで衝撃的な火災が発生した。グランドホテルシュライバーが全焼し，13 人が焼死したのである。そして，1966 年にはホステルレリーが開業した。このホテルが，リギカルトバートの温泉施設に隣接する現在のホテルリギカルトバートであり，50 室の快適な部屋と 3 つのレストランを備えている。

（4） 多様なアクティビティが楽しめる現在のリギカルトバート

　2012 年の夏，リギカルトバートの集落中心地に，スイス人の建築家マリオ・ボッタ（Mario Botta）の設計による新しい広場と近代的な入浴・健康施設を備えた**リギカルトバート温泉施設**（Mineralbad ＆ Spa Rigi Kaltbad）が開業した（**写真 7-4**）。このことは，600 年の歴史を有する温泉保養地リギカルトバートが持つ，山小屋温泉（Chalte Bad）のイメージを刷新する出来

【展望温泉入浴の観光客】　　　　　　　【温泉施設の屋上】

写真7-4　リギカルトバート温泉施設

(2013年8月21日 筆者撮影。
温泉施設の屋上は広場，右側の建物はホテル)

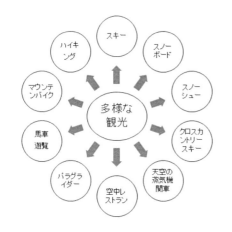

図7-4　リギカルトバートのアクティビティ

(筆者作成)

事であった。その誘客効果は，2015年に登山鉄道の乗客数が過去最高の85万人を数え，ロープウェイの利用客も加えて130万人の観光客がリギ山とリギカルトバートを訪れたことからも証明されている。現在，リギカルトバートを中心としたリギ山周辺の観光は，2ヵ所の登山鉄道と7ヵ所のロープウェイのすべてが利用できる周遊チケットが用意されており，観光客はこれを利用することでホテルに連泊して広範囲の**多様なアクティビティ**を楽しむことができる（**図7-4**）。

　リギカルトバート温泉施設は，屋内と屋外の温水プール，クリスタル浴槽，種々のサウナ，そして山と湖の美しい眺望のテラスを備え，浴槽の温度は加温して35℃に設定している。入浴に際しては，受付で料金を払い個室

のロッカーの鍵をもらい，水着に着替えて浴槽へ向かう。種々の入浴施設を利用した後は，休憩室で静かに身体をリラックスさせる。また，一般の入浴のみならず種々の**健康増進プログラム**が用意されており，温泉療法医や温泉療養の指導員が利用者の症状に応じたプログラムを作成して治療を行う。リギカルトバート温泉施設のこのような温泉利用は，スイスの温泉地で普遍的に見られる事象である。

4. まとめ

　キリスト教の巡礼地から発展したリギカルトバートについて，その歴史的変遷および温泉入浴と組み合わせた多様な観光形態について述べた。

　息をのむような雄大なアルプスの山嶺，眼下に広がる大小の湖，ドイツやフランスへと繋がる広大な中央低地などを眺望できるリギカルトバートは，夏季はハイキング，マウンテンバイク，パラグライダー，冬季はスキー，スノーボード，スノーシュー，1年を通じて楽しめる温泉入浴などの多様なアクティビティを実現し，そして日当たり良好なテラスを備えたホテルとレストランは，観光客の快適な滞在を保証するための良質な宿泊と食事のサービスを提供している。

　このように，現在のリギカルトバートは，保養に適した気候と地形を活用した多様なアクティビティを温泉入浴と組み合わせることで，特色ある観光の多様性を実現しているのである。

■ **参考文献**

Adi Käll, Nackend im Brunnkasten, ORIGINAL, Nr.1, 2012, S.12-14.
AQUA-SPA-RESORTS AG, MIMERALBAD & SPA RIGI KALTBAD, 2013, 8S.
Rigibahn-Gesellschaft, Vitznau, RIGI Königen der Berge, Hallwag AG, 1971, 245S.
RIGI BAHNEN AG, Rigi Queen of the Mountains, 2016, 23p.

第 8 章

植生の美観
国立公園雲仙岳の
"ミヤマキリシマ群落"

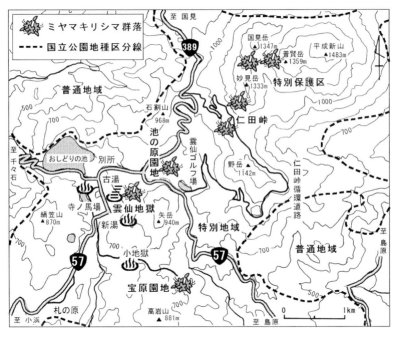

図 8-1　雲仙岳のミヤマキリシマ群落の分布

（筆者作成）

この章では，日本最初の国立公園に指定された雲仙岳のミヤマキリシマ群落について，まずミヤマキリシマ群落の生態と分布を把握する。次に，ミヤマキリシマ群落保護の経緯を時系列で学ぶ。そして，現在の保護活動と課題を理解する。

1. 雲仙岳のミヤマキリシマ群落

(1) ミヤマキリシマの特性

　ミヤマキリシマは，九州の固有種で，火山地域の標高600 m以上に生育する。そのためミヤマキリシマは，雲仙岳・阿蘇山・九重山・鶴見岳・霧島山など，九州の主要な火山地域に存在する（**図8-2**）。

　一般に火山地域では，火山ガスが噴出する硫気孔周辺は地獄と呼ばれ，ここにもガスや地熱に強い植物が生育している。九州では，硫気孔に最も近いところにはツクシテンツキ群落が見られる。硫気孔から少し離れた所にはイトススキ―ユオウゴケ群落が発達し，さらにシロドウダン群落，ミヤマキリシマ―アカマツ群落へと移行する（中西，2006）。

　ミヤマキリシマはツツジ科の低木であり，葉と花は小形で枝先に2,3の花を付ける。花弁は5枚あり，紅紫色・淡紅色・朱紅色など多彩な花をたくさん咲かせる。しかも，花の大きさや形状あるいは斑点模様も変化に富んでいる。高度や地形・土壌の違いにより，樹木の形状や花の大きさ・形・色彩に大きな変化が見られることが特徴である（**写真8-1**）。

図8-2　ミヤマキリシマが生育する
　　　　火山地域
（筆者作成）

ミヤマキリシマ（漢字表記：深山^{みやま}霧島）の名称は，多数の新種を発見・命名し「日本の植物学の父」と称された牧野富太郎^{まきのとみたろう}が，新婚旅行で霧島を訪れた際に発見して1909（明治42）年に命名したとされている。学 名 は Rhododendron kiusianum，英語表記は Kyushu Azalea である。なお，牧野は1934年5月26日に雲仙岳を訪れており，当時72歳であった（雲仙お山の情報館，2004）。

写真8-1　国指定天然記念物　ミヤマキリシマ

（2020年5月24日 筆者撮影）

雲仙岳のミヤマキリシマは地元では「雲仙ツツジ」と呼ばれている。

(2) ミヤマキリシマの開花時期

　雲仙岳では章扉の**図8-1**のように**ミヤマキリシマ群落**が見られる。ミヤマキリシマの開花は，4月下旬に温泉街の**雲仙地獄**で始まり，5月上旬には**宝原**^{ほうばる}，池の原の両園地で見ごろとなる。標高が高くなるにつれて5月20日頃には**仁田峠**^{にたとうげ}，さらには高所の**妙見岳**^{みょうけんだけ}（1333m）・**国見岳**^{くにみだけ}（1347m）・**普賢岳**^{ふげんだけ}（1359m）の山頂部は6月初旬まで花見が楽しめる（**表8-1**）。ミヤマキリシマが咲く時期は爽やかな新緑の季節であり，雲仙岳の自然美を体感できる。国立公園のビジターセンターである**雲仙お山の情報館**では，開花情報を県・市の観光関連施設や雲仙温泉の宿泊施設などにホームページで定期的に発信している。

　宝原や池の原および仁田峠の

表8-1　雲仙岳のミヤマキリシマの開花時期

場所	標高	平年開花時期
雲仙地獄	680 m	4月下旬～5月10日
宝　　原	750 m	5月10日頃
池 の 原	750 m	5月12日頃
仁 田 峠	1100 m	5月20日頃
山 頂 部	1300 m	5月下旬～6月上旬

（雲仙お山の情報館の資料より筆者作成）

注：山頂部は妙見岳・国見岳・普賢岳をさす。

ミヤマキリシマ群落の名所は，ミヤマキリシマ以外の樹木を伐採して維持されてきたものであり，自然植生とは見なされていない。これに対して妙見岳・国見岳・普賢岳山頂部のミヤマキリシマ群落は，風衝地に自生した高さ40〜60cmの矮小な群落である（中西，2006）。池の原から仁田峠への登山道は，ミヤマキリシマ群落地内を通っており，毎年5月には開花したミヤマキリシマを楽しむ登山客や一般の観光客で賑わう。

（3）ミヤマキリシマ群落の名所

　以下では，雲仙観光におけるミヤマキリシマ群落の名所（**写真8-2**）を概説する。

①雲仙地獄

　既述のとおり火山地域の地獄周辺は，硫化水素，地熱，酸性土壌のため植物にとって厳しい生育環境となっている。このため雲仙地獄周辺の植物は，この環境に耐えられるツクシテンツキ，ススキ，アカマツ，そしてツツジの仲間であるミヤマキリシマ，シロドウダン，シャシャンポ，ネジキなどに限られている。雲仙地獄周辺には丈の低いミヤマキリシマが3万本生育している。

②宝原つつじ公園

　雲仙温泉街から南東方向に30分ほど歩くと，高岩山の麓，宝原つつじ公園に至る。約3haのこの公園には，高さ1m余りに成長した5万本のミヤマキリシマ群落があり，環境省と長崎県が管理している。花は5月上旬に咲き始め，中旬になると見ごろを迎える。周辺は自然林に囲まれ，園内には花見を楽しむための散策路が整備されている。散策路の勾配は7％以下に設計されているため，車椅子でも自力走行が可能である。また，延長2kmの公園外周散策路は10％ほどの勾配であるが，階段はない。さらには，バリアフリー構造の清潔なトイレや休憩所，公園や平成新山（1483m）・普賢岳・有明

【雲仙地獄の噴気】　　　　　　　　　　【宝原つつじ園】

【池の原園地のミヤマキリシマ群落】　　【仁田峠のミヤマキリシマ群落】

写真8-2　雲仙のミヤマキリシマ群落の名所

(2019年5月12日 筆者撮影)

^{かい}
海が眺められる展望所，わかりやすい公園地図の案内板やミヤマキリシマに
関する解説板，そして駐車場（収容台数35台）が整備されている。公園の
南側に高岩山（881m）が，北側に矢岳（940m）が位置しておりハイキング
も楽しめる。

③池の原園地

　雲仙温泉街の北東方向徒歩20分のところに池の原園地がある。既述のと
おり池の原のミヤマキリシマ群落は**国指定天然記念物**であり，雲仙岳のミヤ
マキリシマ群落を代表するものである。池の原園地は，かつての森林地を牛

馬の飼料となる採草地並びに放牧地として開拓した場所であり，ミヤマキリシマ群落がよく維持されていた。現在，池の原では高さ1mほどの3万本のミヤマキリシマ群落が分布している。

この池の原園地も環境省と長崎県が管理しており，園内には勾配の緩やかな散策路，バリアフリー構造の清潔なトイレや休憩所が整備されている。駐車場は3カ所にあり，普通車106台，大型バス8台が収容できる。公園の南側に矢岳が，北側には妙見岳や国見岳が望める。また，東側は雲仙ゴルフ場に隣接している。

④仁田峠

仁田峠は新緑・紅葉・霧氷の風景が美しく，四季を通じて観光客が訪れる雲仙観光の名所である。この峠は妙見岳と野岳の鞍部にあたり，雲仙温泉街から北東方向に徒歩70分，車で20分の場所にある。標高1100mに位置する仁田峠の傾斜地には，10万本のミヤマキリシマ群落が見られる。ここを車で訪れるには，**仁田峠循環自動車道路**を利用しなければならない。

図8-3は，仁田峠循環自動車道路の通行量92,150台（2019年）を月別に示したものである。ミヤマキリシマ開花時期の5月は18,407台（20.0％）であり，紅葉時期の11月（25,557台，27.7％）に次いで多い。この道路は長崎県が一般有料道路（延長8.2km，1956年全線開通）として建設したものであるが，自然環境の負荷を軽減することと，走行の安全性確保のために一方通行になっている。また，この道路は沿道の樹木や火山地形，有明海の眺望が優れており，2009年4月1日に雲仙市に移管されて無料となった。

仁田峠のミヤマキリシマ群落も環境省と長崎県が管理しており，園内にはバリアフリーに対応した散策路・トイレ・休憩所・売店がある。また，普通車190台，大型バス24台収容の大規模な駐車場が整備されている。雲仙温泉街と仁田峠の間は，乗合いタクシーが毎日3往復運行しており，2020年9月現在の運賃は大人片道430円（小人220円）である。これは以前運行していた定期バスに代わるものである。ただし，降雪や豪雨あるいは濃霧など天候が悪い時は運休し，交通手段としての確実性を欠く。

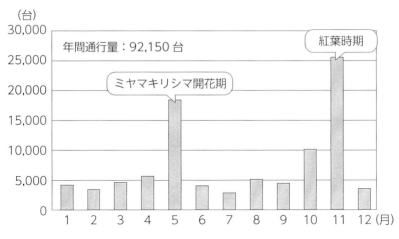

図8-3　月別仁田峠循環自動車道路通行量（2019年）
(令和元年長崎県観光統計より筆者作成)

　仁田峠には1957（昭和32）年に開業した雲仙ロープウェイがあり，それを利用すると背後の妙見岳山頂付近に自生したミヤマキリシマを容易に見に行くことができる。通年営業のこのロープウェイは，仁田峠駅と妙見岳駅（1300 m）の標高差174 m，直線距離500 mを3分間で結んでいる。2020年9月現在の運賃は，大人片道730円（小人370円）である。

2. ミヤマキリシマ群落保護の経緯

（1）江戸時代における保護の形成

　江戸時代の1693（元禄6）年に島原藩主松平忠房は，当時は温泉と書いて「うんぜん」と呼称していた雲仙に山番を置き，森林や温泉，ミヤマキリシマ群落の保護のため温泉神社そばに禁制札を立てたといわれている。また，湯守が巡回して樹木の伐採，ミヤマキリシマの盗掘や枝の折損まで監視していたようである。1738（元文3）年には普賢岳一帯に鳥獣保護の石柱が立て

られた。

　1775（安永4）年になると，山留役を置いて自然保護を強化した。山留役とは，現在でいう国立公園の自然保護官に相当する役職である。また，その際に雲仙の東西南北の出入口にあたる札の原（北），池の原（東），稚児の滝（西），油石地蔵（南）の4カ所に，以下の禁制札を立てた（長崎県衛生公害研究所，1989）。雲仙温泉街入口の「札の原」の地名は，当時の名残である。

禁　　制

一　従是境地内諸殺生之事

一　猥リニ竹木伐採之事
　　附躑躅掘取並花折採之事

一　野原放火之事

右條々堅可相守者也

安永四年二月　主殿

　これを解釈すると，温泉山境内では鳥獣を殺さないこと，無許可の者が竹木を伐採しないこと，またツツジの盗掘や枝の折損・花摘みをしないこと，さらには野原に火を放ってはいけないことが記されている。雲仙岳の自然保護の原点は，まさにここにある。

（2）保養地としての発展と国立公園指定

　明治時代になると，長崎居留地や上海租界に住む外国人が，雲仙に避暑に訪れるようになった。1911（明治44）年に，長崎県は雲仙を日本で最初の県営公園「長崎県立温泉公園」に指定し，国際的避暑地として多くの外国人観光客を受け入れるため，道路，内湯のある宿泊施設や娯楽施設の整備を進めるとともに，公園の管理と区域拡大を図った。このことが雲仙岳の自然保護を継承する背景となった。

　1921（大正10）年に，国は国立公園候補地として雲仙の調査に着手した。

これは雲仙が県営公園として運営された実績が評価されたからである。国立公園指定に先立って，1928（昭和3）年に学術的に評価が高く，とくに保護すべき5カ所を天然記念物に指定した。対象となったのは，普賢岳紅葉樹林（460 ha），野岳イヌツゲ群落（83 ha），池の原ミヤマキリシマ群落（1.9 ha），地獄地帯シロドウダン群落（11.6 ha），原生沼（1.8 ha）である。また，同時に雲仙岳一帯を名勝（1952年には特別名勝に格上）に指定した（宮崎，2006）。

池の原のミヤマキリシマ群落が，国の天然記念物に指定されたことは，雲仙岳の自然風景を象徴する要素の1つとして高い評価を得たものと解釈できる。

そして，1934（昭和9）年3月16日に，瀬戸内海，霧島とともに日本初の国立公園「雲仙国立公園」に指定されることになったのである。雲仙地域では，これまでに「温泉」と「雲仙」の両方の文字が使用されていたが，国立公園の指定を機に，以後「雲仙」に統一されるようになった。

1956（昭和31）年には熊本県天草地域が加わり，さらに1967（昭和42）年には天草五橋地域が追加されて現在の「雲仙天草国立公園」（総面積2万8287 ha，うち雲仙地域1万2858 ha）が形成された。上記の5つの植物性天然記念物に加え，溶岩ドームの平成新山が2004（平成16）年に6つ目の国指定天然記念物に登録された。

雲仙岳の主要なミヤマキリシマ群落は，国立公園の地種区分において，開発が厳しく規制されている特別地域にすべて分布しているため（章扉の**図8-1**），保護制度の環境が整っているのである。

(3) 地域社会による保護活動の開始

1965（昭和40）年11月に発足した「雲仙を美しくする会」は，雲仙地域の環境の美化に努め，明るく親しみのある自然公園になるよう努力することを目的とした自治会の組織である。翌1966年にはミヤマキリシマの下草刈りが始まり，以降恒例の活動として定着した。やがて様々な美化・緑化活動

が評価され，1984（昭和59）年に緑化推進運動の功労者として，全国初の内閣総理大臣表彰を受けた（雲仙を美しくする会，1993）。

　主な活動は，次のとおりである。①毎月15日の清掃活動，②美化運動の啓蒙と推進，③清掃等による環境衛生の徹底と環境衛生設備等の整備，④動植物の愛護，⑤自然公園の美観保持および関係法規類の研究，⑥観光資源の研究，⑦その他環境美化に必要な事項。

　「雲仙を美しくする会」の会員は，雲仙の5自治会（古湯・寺ノ馬場・新湯・別所・小地獄）の住民全員であり，雲仙住民の共同体意識を高め，地域社会を維持するうえで意義深いものとなっている。会の運営は，自治会の代表者，旅館・ホテル経営者，保養所管理人，商店主，交通運輸機関や観光事業団体および官公庁公社出先機関の代表者，本会の賛同者によって行われている。事務局は，2003年度まで長崎県雲仙公園事務所に置かれていた。なお，公園事務所の閉所にともない2004年度に（財）自然公園財団雲仙支部（通称：雲仙お山の情報館）に移設された。ミヤマキリシマ保護事業としては，毎年10月下旬〜11月初旬に，国指定天然記念物である池の原ミヤマキリシマ群落の下草刈り作業が実施される。

3. ミヤマキリシマ群落の保護活動

(1) ミヤマキリシマ群落と草刈り

　雲仙地獄・宝原・池の原・仁田峠のミヤマキリシマ群落の名所は，園地としてなんらかの管理がなされている。その管理者は基本的に長崎県である。その理由は，国立公園指定以前には県立公園で，群落生育地の土地が県有地や県借地であること，宝原つつじ公園については県が長崎バス（長崎自動車株式会社）から購入した土地であることによる。なお，県による宝原つつじ公園用地購入の経緯は次のとおりである。公園のある高岩山では，1932（昭和7）年頃まで牛馬の放牧が行われていた。一般に牛馬は有毒なツツジ科植

物を口にしないため，高岩山を中心とする250 haにミヤマキリシマ群落が発達していた。この群落は放牧の廃止後に森林化が進み，その保護のために県が土地を購入したのである。現在では3 haを残すのみとなった。

　そして，4ヵ所の名所のうち，硫気の影響のある雲仙地獄を除き，人の手を入れなければ群落の維持はそもそも難しい。その理由は，これらの群落ではつる植物やススキ，イヌツゲなどの草木に覆われることがあげられる。ミヤマキリシマは日陰では成長が著しく低下するため，これらの群落で春にミヤマキリシマの花を咲かせるためには，毎年秋に周辺の草刈りを実施しなければならない。換言すれば，雲仙のミヤマキリシマ群落は，草刈りを前提として形成しているのである。

　ミヤマキリシマ群落の草刈りは，県費で毎年秋（9月～10月）に行われる。機械刈りをするが，それが困難なところは手刈りとなる。このとき「雲仙を美しくする会」の草刈りボランティアの協力を得る。

　池の原ミヤマキリシマ群落では下草刈りの区域を5分割し，5つの自治会それぞれが担当区域を受け持って作業を行っている。作業は毎年秋の平日9時30分から正午過ぎまでの3時間程度行われる。池の原園地の刈り取った草は2008年以降すべて搬出している。搬出量は2tトラックで3，4台分であり，搬出先は島原市深江でタバコ栽培農家が緑肥として使用する。以前は刈った場所に残していたが，それが堆肥となり火山性のやせた土壌を好むミヤマキリシマの生育に悪影響を与える問題が生じていた。また，土壌の富栄養化によって他の植物の侵入を促すことにもなる。

　仁田峠では，ミヤマキリシマ群落の草刈りは，面積の半分は県が直接作業員を雇用して行っているが，残りの半分については業者による委託管理をしている。また，道路や駐車場に近い部分の刈った草は，搬出して小浜の農家に提供している。

　宝原のミヤマキリシマ群落の草刈りは，以前は2つの自治会が協力していたが，人口減少と高齢化により参加者数が減少したため，県が雇用した作業員による草刈りのみとなった。2010年度には環境省グリーンワーカー事業「雲仙地域ミヤマキリシマ保全事業」が実施された。これは機械刈りが困難

な下草を羊と山羊の放牧で取り除く実証実験であり，12月下旬と3月上旬に各1週間程度行われた。この家畜は長崎県立島原農業高等学校社会動物部から借用した2頭の羊と1頭の山羊である。羊と山羊の放牧は除草効果に加え，古（いにしえ）の放牧風景を再現する観光資源として活用できることから冬季雲仙観光の誘客を促すことが期待されていた。しかし，実現には至らなかった。

（2）ミヤマキリシマ群落保護の課題

　雲仙岳のミヤマキリシマ群落は，既述のとおり草刈りを前提として形成しており，そうしたミヤマキリシマ群落の保護には，自然環境と社会環境の変化に対応する取り組みが必要である。ここでは，自然環境の3つの課題と社会環境の1つの課題を述べることにする。

　自然環境の課題については，まずミヤマキリシマの老木化や枯死による白骨化があげられる。とくに仁田峠のミヤマキリシマ群落でこの現象が多く見られる。定期的に植え替えが必要であるので，該当するミヤマキリシマについては苗木養成を実施している。

　次に，猪による被害の脅威である。島原半島では近年猪が多く生息するようになった。猪はユリ，山芋，土の中の虫，そしてミヤマキリシマの根などを食する。1998年以降年間を通して被害が出るようになった。温泉街近くにある白雲（しらくも）の池キャンプ場でも，芝生の根を食べるなどの被害が発生している。そこで，2008年から狩猟解禁期間に猟師による猪狩りを行い，年間7，8頭を駆除している。

　さらには，害虫被害である。2007年にはシャクトリ虫が大量発生し，開花前の葉を食べる被害があった。このため殺虫剤を散布して害虫駆除を行った。現在では，自然環境に配慮して一定面積のミヤマキリシマ群落の葉にシャクトリ虫の卵が付着している場合に，殺虫剤を散布することにしている。

　こうしたミヤマキリシマ群落の保護について満田（2010）は，ススキの刈り払いや白骨化したミヤマキリシマの除去を行うことで萌芽の生長を促し，

越冬する害虫卵・さなぎや幹に侵入している木喰い虫の幼虫を凍死させ，薬撒みの効果が期待できるとの見解を示している。これは換言すれば，ミヤマキリシマ群落における草刈りの重要性を指摘している。

　一方，社会環境の課題としては，雲仙地域の人口減少と高齢化にともない，「雲仙を美しくする会」によるミヤマキリシマ群落の草刈り作業区域の縮小化があげられる。会が発足した 1965 年当時 2,000 人の住民が暮らしていたが，現在では半数に減少した。ミヤマキリシマ群落の草刈りは，類似の課題を抱える阿蘇や九重の草原の野焼きと比較して安全な作業である。そこで，観光客や雲仙の自然や歴史・文化に関心のある地域外の人に草刈りの参加を呼びかけ，地域住民との交流を促す新たな観光資源にならないか，一考の余地がある。地域内部の力が足りなければ，外部の人の力をうまく導入することで，社会環境の変化に順応した持続可能な観光地づくりを推進すべきと考える。

4. まとめ

　雲仙岳のミヤマキリシマの開花は，4 月下旬に温泉街の雲仙地獄で始まり，5 月上旬には宝原，池の原の両園地で見ごろとなる。標高が高くなるにつれて 5 月 20 日頃には仁田峠，さらに高所の妙見岳・国見岳・普賢岳の山頂部は，6 月初旬まで花見が楽しめる。このうち，雲仙温泉に近い池の原園地のミヤマキリシマ群落は，1928 年に国の天然記念物に指定された。

　江戸時代の 1693 年に島原藩主松平忠房は，雲仙に山番を置き森林や温泉，ミヤマキリシマ群落の保護のため禁制札を立てたといわれている。明治時代になると，長崎居留地や上海租界に住む外国人が，夏季に避暑に訪れるようになった。このことが雲仙岳の自然保護を継承する背景となる。1911 年に全国で最初の県営公園「長崎県立温泉公園」，1934 年 3 月には日本初の国立公園「雲仙国立公園」に指定されて，ミヤマキリシマ群落の法制上の保護を確立することになった。現在では，環境省と長崎県が予算を計上してミヤマ

キリシマの群落と園地を管理しており，雲仙地獄・宝原・池の原・仁田峠の
ミヤマキリシマ群落内には，バリアフリーに対応した散策路・トイレ・休憩
所，適正規模の駐車場が整備されている。

　地域住民によるミヤマキリシマ群落の保護活動は，1965年に発足した「雲
仙を美しくする会」が，草刈り作業に協力している。ミヤマキリシマ群落の
草刈りは，県費で毎年秋（9月〜10月）に行われる。機械刈りをするが，そ
れが困難なところは「雲仙を美しくする会」が手刈りする。しかし，人口減
少と高齢化により参加者数が減少したため，現在では池の原のみとなった。

　ミヤマキリシマ群落の保護は，自然環境と社会環境に対応した取り組みが
必要である。自然環境の課題として，まずミヤマキリシマの老木化や枯死に
よる白骨化があるが，植え替えによる苗木養成で対応している。社会環境の
課題としては，雲仙地域の人口減少と高齢化にともない，「雲仙を美しくす
る会」によるミヤマキリシマ群落の草刈り作業区域の縮小化があげられる。

　雲仙観光の観光資源としてのミヤマキリシマ群落は，保護のあり方は変化
しつつも300余年におよび維持されてきた。「**雲仙天国**」と呼ぶにふさわし
い春に美しい花を咲かせ，訪れる人々に安らぎと喜びを与えるミヤマキリシ
マ群落を，草刈りの人手不足で保護に困難を来すことがないようにしなけれ
ばならない。

■ **参考文献**
池永正人（2012）：「雲仙観光の観光資源ミヤマキリシマ群落の保護」『新地理』第60
　　巻 第3号，29〜41頁。
雲仙お山の情報館（2004）：『パークボイス雲仙国立公園季刊誌総合版』，339頁。
雲仙を美しくする会（1993）：「あゆみ」，17頁。
（財）自然公園財団（2005）：『雲仙天草国立公園 パークガイド 雲仙』，48頁。
中西弘樹（2006）：「雲仙岳の植生」長崎県生物学会編『雲仙岳の生物』長崎新聞社，
　　49〜54頁。
長崎県衛生公害研究所編（1989）：『雲仙・小浜温泉誌』小浜町，477頁。
満田宗雄（2010）：「ボランティアによるミヤマキリシマの保存活動」『國立公園』通
　　巻680号，24〜25頁。
宮崎正隆（2006）：「雲仙岳の自然保護」長崎県生物学会編『雲仙岳の生物』長崎新聞
　　社，183〜184頁。

第 9 章

野鳥の美観
ラムサール条約湿地釧路湿原の "タンチョウ"

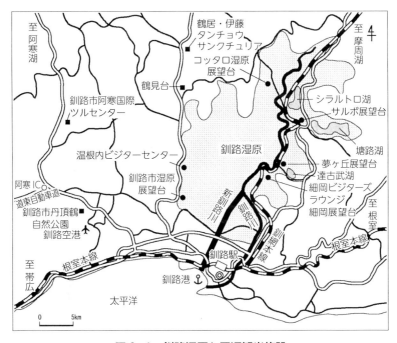

図 9-1　釧路湿原と周辺観光施設

(筆者作成)

　この章では，日本最大の釧路湿原に生息する美しい野鳥タンチョウについて，まず釧路湿原の形成とタンチョウの生態を理解する。次に，釧路市丹頂鶴自然公園のタンチョウの保護活動および屋外展示を学ぶ。そして，タンチョウの保護・増殖の新たな課題を知る。

1. 釧路湿原のタンチョウ

（1）釧路湿原の形成と生態

　北海道東部に位置する釧路湿原は，釧路市・釧路町・標茶町・鶴居村の1市2町1村にまたがる。釧路川とその支流河川が流入する釧路湿原は，ヨシやスゲに覆われた低層湿原が80％を占めるほか，イソツツジやガンコウランなど寒地性高山植物が分布する高層湿原から成る（章扉の図9-1，図9-2）。

　釧路湿原の形成の始まりは，地球が最も寒冷であった2万年前のヴュルム氷期であり，現在よりも年平均気温が約10℃低く，海面は100mほど低下していた。このため日本列島は大陸と陸続きであった。やがて，1万年前頃から地球の温暖化が進むと海面が上昇して，釧路川流域の低地は海進によって入江の古釧路湾が形成された。いわゆる縄文海進である。しかし，約6000年前からは再び寒冷化が進み，海面が低下する海退が始まった。それとともに地殻変動によって湿原の西側が隆起し，東側が沈降するようにな

図9-2　釧路湿原の位置
（筆者作成）

る。そして，約3000年前からの海面低下によって，沿岸流による砂州が形成されて古釧路湾がふさがれる。その後古釧路湾は，河川水と土砂の流入によって湿地となり，そこに繁茂した植物が，低温と浸水の自然環境で腐食せずに堆積した。これが年間1mm程度の厚さで堆積されて形成された釧路湿原の泥炭層である。

　釧路湿原の面積は，1954（昭

和 29）年に 2 万 9000 ha であったが，1985 年の調査では 1 万 8290 ha までに
減少した。この 37％の減少は，湿地の農地や宅地の開発と，それにともな
う釧路川の蛇行の直線化など河川改修が行われ，湿地における土砂の堆積が
急速に進んだことによる。

　しかし，日本では最大の湿原であり，1980 年に湿原中心部の 7,863 ha がラ
ムサール条約登録湿地に日本で初めて選定された。その後，1987 年に周辺
丘陵などを含めた 2 万 6861 ha が，全国 28 番目の国立公園「釧路湿原国立公
園」に指定された。2011 年には，指定区域が 1,927 ha に拡張されて 2 万
8788 ha になった。湿原単独の国立公園としては日本初である。

　釧路湿原には，国の特別天然記念物タンチョウや国内最大の淡水魚イトウ
（サケ科）をはじめ，約 1,130 種の動植物が生息している。その中には，氷河
期の遺存在種と認定されているクシロハナシノブ，キタサンショウウオ，オ
ジロワシ，エゾクロテンなど，絶滅危惧種・準絶滅危惧種など希少種も多
い。

(2) タンチョウの生息地
- -

　タンチョウ（丹頂鶴）は，北海道東部の釧路湿原を中心に生息し，全長
140 cm，拡げた翼 240 cm，体重 7〜12 kg の日本最大の野鳥である（**写真9-
1，9-2**）。また，夏季は十勝から根室の沿岸湿地で繁殖し，冬季は釧路湿
原周辺の給餌場で過ごす留鳥である。学名は Crus japonensis，英語名は
Red-crowned Crane である。**先住アイヌ民族**は，タンチョウを古来より瑞
鳥と考え，湿原の神を意味するサロルンカムイと呼称して敬ってきた。

　タンチョウは，ロシアのアムール川流域や中国の東北地方にも 1,600 羽ほ
ど生息している。冬季に餌を求めて朝鮮半島の非武装地帯，中国の黄河デル
タや江蘇省沿岸に南下する渡り鳥である。

　周年生息地の釧路湿原のタンチョウは，3 月中旬にヨシで 1 m ほどの大き
さの巣を作り，長さ 10 cm ほどの卵を 1 個か 2 個生み，つがいが交代で温め
て約 1ヵ月でふ化する。ヒナはすぐに歩けるようになり，親鳥の庇護のもと

写真 9-1　細岡展望台から眺望する釧路湿原

(2018 年 9 月 2 日 筆者撮影)

写真 9-2　釧路市丹頂鶴自然公園のタンチョウ

(2018 年 9 月 3 日 筆者撮影)

湿原で育つ。3ヵ月が経過すると，ヒナは親鳥とほぼ同じ大きさに成長して巣立つ（**表9-1**）。このように夏季は湿原で繁殖するタンチョウは，冬季は凍らない川に棲み，川の生き物を餌にするとともに，3ヵ所の給餌場に飛来して人間が与える餌を食する。タンチョウの餌は，オニヤンマ，ヤチウグイ，フクドジョウ，カタツムリ，コオロギ，エゾアカガエル，ウマオイ，エゾボトケ，タニシ，タマクラミミズ，牧草の若芽などを食べる。

　釧路湿原周辺地域のタンチョウの生息数は，1952（昭和27）年以来の冬季

表9-1　タンチョウの成長過程

時　期	内　容
1月～2月	「タンチョウの舞」と称されるダンスは，2羽の鶴が羽を広げて飛び上がり，追いかけ合う求愛行動である。
3月～4月	つがいの鶴は，湿地に直径1m～1.5m，高さ20cm～30cmの巣を作り，産卵の準備をする。
4月～5月	2日間隔で産まれた2個の卵は，雄雌の親鳥が交代で温める。卵は32日間抱いて温められるとヒナにかえり，生まれた時のヒナの体重は約140gである。
5月～6月	湿原に生息するトビ，カラス，キツネ，ミンクなどは，タンチョウの卵やヒナを襲う天敵なので，親鳥は危険を回避しながら子育てする。
7月～9月	タンチョウのヒナは，生後3ヵ月には親鳥とほぼ同じ大きさに成長し，体重は6kgにもなる。この頃から飛ぶ練習が始まる。
10月	湿地周辺の収穫後の農地には，トウモロコシの落ちこぼれの実をついばむタンチョウの姿が見られる。
11月～2月	積雪で餌がなくなる冬季に，タンチョウは阿寒町1ヵ所，鶴居町2ヵ所にある給餌場に集まり餌を食べ，夜は川の中で眠る。
1月～2月	成長したタンチョウは，親鳥から離れて独り立ちする。

（釧路市丹頂鶴自然公園の説明板より筆者作成）

一斉調査の結果年々増加しており，2014（平成26）年は1,550羽と計測されている。これは，地域住民がタンチョウの保護を目的として取り組んできた給餌による増殖の成果である。

2. 釧路市丹頂鶴自然公園

（1）沿革と事業内容

　1935（昭和10）年にタンチョウが国の天然記念物に指定されると，同年地域住民による釧路国丹頂鶴保護会が結成され，保護活動が本格化した。第二次世界大戦中は保護活動が中断されたが，戦後の1946（昭和21）には活動を

再開した。高度経済成長期が始まる1957（昭和32）年に，保護会はタンチョウの保護増殖を目的とした鶴公園建設計画を策定し，丹頂鶴自然公園建設期成会を結成した。同年10月には，釧路市文化財保護員会より特別天然記念物タンチョウの捕獲および飼育許可がおり，翌1958年8月に**釧路市丹頂鶴自然公園**が開園したのである。

　釧路市丹頂鶴自然公園の開園から10年間の主な事業内容は，**表9-2**に示すとおりである。

表9-2　釧路市丹頂鶴自然公園の開園初期の事業

年　次	事業内容
1958年 （昭和33）	● 2月～5月にタンチョウの捕獲作業 ● 現在地に飼育フィールドを建設 ● 8月に捕獲した5羽を放して開園
1959年 （昭和34）	● 7月に建設期成会より釧路市に寄付移管され，釧路市丹頂鶴自然公園として正式に発足
1962年 （昭和37）	● 4月に捕獲鶴のライと飛来鶴のチャオのつがいで産卵を確認
1964年 （昭和39）	● 5月にライとチャオのつがいで自然ふ化に成功 ● 生後数日の野生ヒナ3羽を保護し，その飼育に成功
1968年 （昭和43）	● 4月に人工飼育の許可 ● 6月には，自然ふ化のヒナ3羽を取り上げ，初の人工飼育に成功。ヒナの名は釧路に因んでクン，シン，ロンと命名

（釧路市丹頂鶴自然公園の説明板より筆者作成）

（2）タンチョウの屋外展示と生態観察

　管理棟を出て左側に進むと，延長450mの観覧通路がある。通路の左側には，幅60m奥行き150m四方の金網の囲いが連続して8つ設けられており，そこにつがいのタンチョウが保護飼育されている。飼育場は一般の動物園に見られる金網の天井はなく，自然の樹木や小川をそのまま利用している。小川にはカエル，ドジョウ，ヤチウグイなど小魚やザリガニが生息して，それらはタンチョウの餌となる。また，10月末から12月頃までは，サケが産卵

のため海から園内の小川まで遡上^{そじょう}してくることも，自然の地形や生態を活かしている証である。この丹頂鶴自然公園では，タンチョウの給餌にウグイ，ホッケ，デントコーン，そして栄養配合飼料のツルペレットを与えている。

　園内のタンチョウは，自由に大空を飛べるように保護飼育されているが，現在は鳥インフルエンザ感染防止のため，羽の一部分を切って飛べないように処理されている。しかし，タンチョウは2年に一度羽が抜け替わるので，新たな羽が生えれば飛べるようになる。

　上記の囲いをした金網には，タンチョウの生態が学べる「タンチョウクイズ」の板が掲示されており，それをめくるとイラストで解答が明記してある（**写真9-3**）。

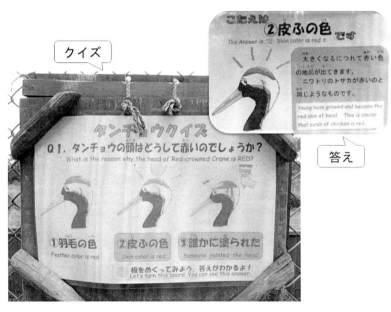

写真9-3　金網掲示のタンチョウクイズ板

(2018年9月3日 筆者撮影)

Q1. タンチョウの頭はどうして赤いのでしょうか？

What is the reason why the head of Red-crowned Crane is RED ?

①羽毛の色　　　②皮ふの色　　　③誰かに塗られた

Feather color is red　　　Skin color is red　　　Someone painted the head

このようなタンチョウクイズをもとに，タンチョウの生態を説明すると次のようである。

タンチョウは成長すると頭に赤色の地肌が現れる。これはニワトリの赤い鶏冠（とさか）と同様なものであり，タンチョウが怒ると赤い頭皮は後ろに引っ張られて大きくなり相手を威嚇する。興奮が収まると元に戻る。タンチョウの名称が漢字で「丹頂」と表記されるのは，この鶴の頭のいただき「頂」が赤色を意味する「丹」であることに由来する。また，タンチョウは既述のとおりアイヌ語で「**サロルンカムイ**」と呼ばれ，サロルンは「湿地に住む」，カムイは「神」，つまり「湿地に住む神」を意味するといわれている。

タンチョウが巣を作る場所は樹木の枝ではなく湿地の地面である。それは，足の指が機能する3本と後ろに見られる退化した小さな1本の計4本であり，体格が大きくて木の枝をつかめない構造になっているためである。湿原の植物ヨシを刈り集めて巣を作り，1，2個の卵を産む。タンチョウの卵の色は白色と薄茶色があり，それぞれの色の卵からかえったタンチョウの雌は，成長すると同じ色の卵を産む。つまり白色の卵からかえったタンチョウは白色の卵を，薄茶色の卵から成長したタンチョウは薄茶色の卵を産む習性がある。

タンチョウの羽をよく見ると，翼は胴体から離れた外側の白い初列風切羽10枚，中間の黒い次列風切羽16枚，胴体に近い内側の黒い三列風切羽6枚の計32枚からなり，左右の翼では64枚になる。また，翼を広げたときに見える白い尾羽は12枚であり，普段は次列・三列風切羽に隠れている。

タンチョウは，暗闇の夜に片足で立って眠る。これは夜行性動物に襲われるようなとき，逃げやすい体勢といわれている。ただし，昼に眠るときは地面に座ったり，半立ちになったりと様々な格好で眠るようである。

3. タンチョウの保護と新たな課題

（1）タンチョウ保護の経緯

　タンチョウは，江戸時代まで本州でも生息していたとされるが，明治時代の北海道開拓民による生息地の湿原開発が生息数を減少させる要因となった。湿原開発が進むにつれてタンチョウの姿が見られなくなり，大正時代には絶滅したと考えられていた。しかし，1924（大正13）年に釧路湿原奥部の鶴居村で22羽のタンチョウが確認され，これを契機として住民によるタンチョウ保護の活動が始まった。

　1935（昭和10）年に，タンチョウが生息地を含め国の天然記念物に指定されたことで，官民協力の保護体制が整えられた。第二次世界大戦後の1952（昭和27）年には特別天然記念物に指定され，国や自治体による保護施策が本格的に講じられるようになる。そして，官民一体となった釧路湿原の保護ならびにタンチョウの給餌活動や人工ふ化の成功により，タンチョウの生息数を年々増やしていったのである。なお，タンチョウに与えた餌は，地域住民の貴重な食料であったトウモロコシである。

　現在の主な給餌場は，鶴居村の**鶴見台**と**鶴居・伊藤タンチョウサンクチュアリ**である（**表9-3**）。このうち鶴見台給餌場について概説することにしよう（**写真9-4**）。

　鶴見台給餌場の近くには，かつて下雪裡小学校があった。冬季に餌が少なくて餓死するタンチョウがいたことから，1962（昭和37）年に小学校の教員と児童がタンチョウの餌づけを始めることにした。校庭に飛来するタンチョウの数が年々増加し，冬の給餌活動は小学生の野鳥保護教育として成果を上げたそうである。やがて，校庭に隣接する渡部農家の畑にもタンチョウの姿が見られるようになった。1974（昭和49）年に下雪裡小学校が廃校になり，児童による給餌ができなくなったが，渡部農家の夫妻が給餌を引き続き行うことでタンチョウの保護活動が継続された。渡部トメ大人は「つるのおばさ

表 9-3　タンチョウの給餌場

区　　分	鶴居・伊藤タンチョウサンクチュアリ	鶴見台
時　　期	11 月上旬から 3 月下旬	11 月上旬から 3 月下旬
場　　所	鶴居村中雪裡南	鶴居村下雪裡
給餌時間	午前 9 時頃（天候により変動有）	午後 2 時頃（天候により変動有）
飛 来 数	最大 300 羽前後	最大 200 羽前後
管理運営	公益財団法人 日本野鳥の会	鶴居村タンチョウ愛護会
開館時間	9:00〜16:30（10 月〜3 月）	―
定 休 日	火曜日・水曜日（祝日を除く）12 月 26 日〜12 月 30 日，4 月〜9 月	―

（「鶴居村観光ガイド タンチョウ ウォーカー」鶴居村役場産業振興課，31 頁より筆者作成）

【給餌場の看板】　　　　　　　　　【給餌場の農地】

写真 9-4　タンチョウの鶴見台給餌場
(2018 年 9 月 3 日 筆者撮影)

ん」と呼ばれて地域住民から親しまれ，タンチョウの保護活動に尽力された
そうである。

　鶴見台では，冬季に優雅なタンチョウの姿を一目見ようと国内外から観光
客が訪れており，沿道には撮影スポットや駐車場が整備され，商店も営まれ
ている。タンチョウの撮影ポイントは，上記の 2 ヵ所のほかに，菊池農場，

<ruby>音<rt>おと</rt></ruby><ruby>羽<rt>わ</rt></ruby><ruby>橋<rt>ばし</rt></ruby>，音羽橋を眺める丘があるが，タンチョウ保護のため，いずれも指定場所以外の立ち入りが禁止されている。

(2) タンチョウ保護の新たな課題

　現在 1,500 羽を超えるまで生息数が増えたタンチョウは，冬季に給餌場に多数飛来するので感染症伝播が危惧されている。このようなタンチョウ保護の新たな課題について，環境省は釧路湿原周辺の給餌場に飛来するタンチョウの数を減らすために，タンチョウの生息地を分散させる事業を始めることにした。それは，既存の給餌場の給餌量を毎年少しずつ減らし，タンチョウが餌を探して道内各地に飛散することで釧路湿原の生息数を分散させる取り組みである。

　環境省は，2018 年 8 月 18 日に釧路市内で**タンチョウ保護増殖検討会**を開き，釧路市<ruby>阿寒<rt>あかん</rt></ruby>町と鶴居村の給餌場計 3 ヵ所で国が行っている給餌について，2020 年度以降，餌の量を前年度比で 1 割ずつ減らす計画骨子案を示した。この検討会には，研究者や釧路・根室管内の自治体関係者ら 34 人が出席した。環境省は，道東地域に集中するタンチョウの生息地を分散させるため，すでに給餌量を 2015 年度から 2014 年度比 1 割ずつ毎年削減してきた。計画骨子案は削減幅前年度比とすることで，餌の減少にともなうタンチョウへの影響を緩和できるとしている。その理由としては，給餌場への飛来数が減ったことから生息地の分散が進んでいること，給餌期間（11～3 月）に栄養不良や衰弱したタンチョウが発見されなかったことをあげている。

4. まとめ

　北海道東部に位置する釧路湿原は，寒冷な気候条件の広大な湿地帯であることから農作物の栽培に適さず，交通の不便さも相まって入植による開拓が取り残された土地である。1960 年代以降の高度経済成長にともなう観光業

の発展と自然環境保全の国民意識の高揚は，釧路湿原の地域資源としての価値を高める契機となった。

　また，日本初のラムサール条約登録地である釧路湿原は，国が主導するのではなく，地域住民が主体的に環境保全とその賢明な利用がなされてきたことが，海外では高く評価されている。

　タンチョウに代表される水鳥観察，湿原に生息する陸地および水中の生物観察，緩やかな水流の蛇行河川を下るカヌー体験などは，観光と教育が一体化した自然体験である。これらの良質な題材を来訪者に提供することで，釧路湿原の経済効果を生み出しているのである。

■ 参考文献

蝦名大也（2013）：「わがまちの自然公園 釧路市」『國立公園』712 号，一般社団法人 自然公園財団，22～23 頁。

神田房行（2017）：「三〇年前の釧路湿原国立公園とその後の展開」『國立公園』755 号，一般社団法人 自然公園財団，20～23 頁。

寺内 聡（2017）：「国立公園指定三〇年 釧路湿原の地域連携」『國立公園』755 号，一般社団法人 自然公園財団，16～19 頁。

釧路市丹頂鶴自然公園のパンフレット「鶴居村観光ガイド タンチョウ ウォーカー」鶴居村役場産業振興課，31 頁。

北海道新聞：「次世代へつなぐ 釧路湿原と人々のあゆみ」，2017 年 7 月 27 日付け。

北海道新聞：「給餌 前年比 1 割減へ タンチョウ保護で国計画案 20 年度以降削減量圧縮」，2018 年 8 月 18 日付け。

第10章

水上クルーズの美観
水都大阪の "水上クルーズ"

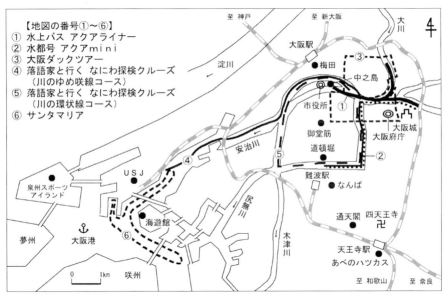

図 10-1　大阪水上クルーズの美観めぐり（2021 年）

(筆者作成)

　　この章では，まず水都大阪の礎となった堀川の整備と舟運を知る。次に，大阪シティクルーズのブランドづくりと大阪水上クルーズの美観めぐりの内容を理解する。そして，大阪城・中之島めぐりの水上クルーズを事例に美観めぐりの現状を学ぶ。

1. 水都大阪の堀川

（1）　大阪平野の治水・利水の起源

今から 7000～6000 年前の縄文時代中期は，地球の温暖な気候により海面上昇あるいは地面沈降が生じて，海が陸に入り込んだ縄文海進の時期であった。当時の大阪湾は現在よりも海水面が 1～2m 高く，東は生駒山麓の東大阪市や八尾市，北は高槻市や枚方市まで海岸線が入り込んでいた。このことは地質調査や貝塚遺跡の分布から明らかにされている。

西暦 200 年代中頃～400 年頃の古墳時代前期には，現在の**大阪平野**を南北に伸びる上町台地が岬のような地形になり，その東に河内湾と呼ばれる内海が淡水化して河内湖が形成された。現在，上町台地の中央部は大阪城が位置する森ノ宮，河内湖の中心は大阪市東部と東大阪市の地域である。

やがて河内湖は，京都盆地を流れる桂川と宇治川が京都・大阪の府境で合流する**淀川**，奈良盆地から流入する大和川など河川の土砂運搬作用によって湿地・陸地化が進み，平地に地形変容していったとされている。いわゆる大阪平野の形成である。

第 16 代**仁徳天皇**（在位 313～399 年）が難波高津宮（現在の大阪市天王寺区餌差町）に遷都して以降，大阪平野の**治水・利水事業**が行われるようになった。この事業で河内湖の水域が減少するとともに，大和川の河口には三角州が形成されて河内湖の陸地化が進んだ。

大雨や雪解け水などで河川の水量が著しく増加して，流水が堤防を越えてあふれ出る現象を洪水といい，それにともない流域住民の生命や生業に悪影響をもたらすことを水害と呼称している。大阪平野は水害を受けやすい低平な地形であるため，古代から現代まで 1600 年余にわたって治水・利水事業が行われてきた。しかし，地球規模の気候変動による豪雨が多発する現在でも水害は完全には克服されていない。

(2) 堀川の整備と舟運

　堀川とは，「地を掘ってつくった人工の川。とくに日本の古代都城内にあって，物資の運送などに用いられた運河をいい，堀河とも記す。」(平凡社世界百科事典) の意味をもつ。堀川は鉄道や自動車交通が未発達な時代において，日本の城下町や港町では主要な河川と海を連絡する舟運として重要な交通路であった。

　大阪 (明治時代よりも前は大坂) の堀川の計画的な整備は，戦国時代 (室町時代後期～安土桃山時代) の武将で天下統一を果たした豊臣秀吉 (1537～1598年，享年61) が，大阪城 (大坂城) の外堀として掘った東横堀川が最初である。その年次は1585年または1594年とされている。豊臣政権の時代が終わり，徳川将軍家による江戸時代 (1603～1867年) の安定した幕藩体制が確立すると，大阪は商業都市として発展するようになり，淀川河口の湿地の排水や地面のかさ上げなど土地改良事業が進められた。その際に用いられたのが，堀川の開削で出た土砂である。そして，町の東西南北に築かれた堀川は舟運に利用されることになる。堀川沿いには，諸国の藩の蔵屋敷や倉庫が建ち並び町は大いに繁栄したといわれる。

　このように江戸時代の大阪は，全国から物資が集まり，再度全国の消費地に送られる日本最大の物流・商業の中心地であった。たとえば幹線の長堀川沿いには，全国各地から運搬された石を加工して商う石屋が集中していた。舟運を利用して重い石材を町中まで運び入れる様子は，錦絵の芳瀧画の長堀石浜 (1854～1860年，「浪花百景」) に描かれている (図10-2)。

　そして，大阪の舟運を利用した経済活動は，1868 (明治元) 年に樹立した明治政府の富国強兵・殖産興業の近代化政策，それにともなう外国貿易の発展と相まって一層盛んになり，大阪は明治時代には水都あるいは水の都と呼ばれるようになった。明治時代以降も堀川の開削が続けられ，大阪の舟運が日本経済の発展に寄与することになる。

　しかし，1945 (昭和20) 年の第二次世界大戦後は，堀川が戦災の瓦礫処理の場所として利用された。また，町の再開発にともなう道路や下水道の整備

図 10-2 長堀石浜
（大阪府立図書館デジタル版）

で不要になった堀川が埋め立てられるようになった。主な20の堀川のうち，現在では東横堀川，道頓堀川，土佐堀川，木津川を残すのみである。そして，現存する堀川は**水上クルーズ**の航路として観光活用されるようになり，新たな価値を見出している。

2. 大阪水上クルーズの美観めぐり

（1）大阪シティクルーズ推進協議会の活動

　大阪シティクルーズ推進協議会は，水都大阪のブランドづくりの団体として2007（平成19）年に設立し，事務局は大阪水上バス株式会社内（大阪市中央区大阪城二番地先）に置かれた。活動の目的は，①水都大阪の再生に資する魅力ある資源を発掘，再発見して，その価値を高めていくためのまちづくり活動に取り組むこと，②大阪都心部に存在する河川をめぐる舟運ルートおよび舟運事業商品の総称並びにネットワークの呼称として**大阪シティクルーズ**という新たな共通ブランドを創出すること，③このブランドのもとに提供する各舟運事業関連サービスを日本国内外に広く普及，発展させ，新しい価値観を加えて世界に誇る水の都を大阪の地に創造すること，としている。

表10-1　大阪シティクルーズの主な舟運会社（2021年）

舟運会社	クルーズ名
1. 一本松海運株式会社	落語家と行く なにわ探検クルーズ，とんぼりリバークルーズ，とんぼりリバージャズボート，中之島リバークルーズ
2. 大阪水上バス株式会社	水上バス アクアライナー，水都号 アクア mini，ひときわ優雅なクルーズ船「ひまわり」，サンタマリア
3. 株式会社　キャプテンライン	キャプテンライン，ドリームシャトル，チャータープラン，ナイトクルーズ
4. 日本水陸観光株式会社	大阪ダックツアー
5. 伴ピーアール株式会社	季節限定クルーズ，とっておき記念日クルーズ，遊覧クルーズ
6. トップリバークルーズ株式会社	大型船（Pirates-Blue），小型船（Pirates-Red），大型船（SAMURAI-Pirates）
7. 株式会社 GLORIA	大阪の屋形船，クルージング，料理船，チャーター船
8. KPG RIVER CRUISE 大阪屋形船株式会社	雅流，雅遊，水雅，陽雅，GRACE Ⅰ，GRACE 522，GRACE GARDEN，GRACE Ⅱ

（筆者作成）

　主な活動内容としては，水都大阪再生に資する資源の発掘，再発見等まちづくり活動，水都大阪再生に関する調査研究，大阪シティクルーズの企画推進，大阪シティクルーズの宣伝・広告・印刷業務，そして大阪シティクルーズの活動に関わる人材育成および教育支援である。

　推進協議会の会員（2019年3月現在）は，正会員の舟運会社11社を中心に，準会員の鉄道業・宿泊業・旅行業・飲料業・観光施設など民間企業18社，協力会員の新聞社やテレビ局など11社・2団体，これに大阪市・大阪府・国土交通省近畿運輸局ほか公益団体が協力機関として参加している。いわゆる官民協働のまちづくり団体である。**表10-1**からは，大阪市の水上クルーズの種類が多いことが見て取れる。

(2) 美観めぐりのコース

　クルーズ（英語 cruise）は観光地を船でゆったり楽しむ旅行を意味する。

表 10-2　大阪水上クルーズの美観めぐり（2021 年）

クルーズ名	コース
①水上バス 　　アクアライナー	大阪城港から淀屋橋までの大阪城公園・中之島周辺を巡り，大阪の名所・旧跡を観賞する。
②水都号 アクア mini	大阪城港から道頓堀の湊町船着場までの繁華街の賑わいを観賞する。
③大阪ダックツアー	大阪アメニティーパーク（OPA）港を起終点とした水陸両用船である。大阪造幣局・大阪城周辺，本町を陸走し，桜ノ宮公園から中之島公園の周辺は大川から観賞する。
④落語家と行く 　　なにわ探検クルーズ 　　「川のゆめ咲線コース」	落語家の愉快な語り口で，道頓堀川〜東横堀川〜堂島川〜安治川の沿岸の街を案内する。
⑤落語家と行く 　　なにわ探検クルーズ 　　「川の環状線コース」	道頓堀川〜東横堀川〜堂島川〜木津川の沿岸の街を案内する。
⑥サンタマリア	ユニバーサルシティポートを起終点に，コロンブスの帆船サンタマリア号を模した大阪港の海上クルーズである。昼間のデイクルーズと夕方のトワイライトクルーズを運航している。

（筆者作成）

ここで述べる**大阪水上クルーズ**は，かつて舟運に利用された**大川**（旧淀川），堀川，港湾を遊覧船で巡り，キタ（北）とミナミ（南）の二大繁華街の町並みと名所を船上から眺める観光である。主な大阪水上クルーズの美観めぐりは，本章扉の**図 10-1** とそれに対応した**表 10-2** に示す。

3. 大阪城・中之島めぐりの水上クルーズ

（1）大阪水上バス アクアライナー

ここでは大阪水上クルーズの美観めぐりの事例として，大阪市の観光名所である大阪城，中之島，桜ノ宮の地区を水上遊覧する**大阪水上バス アクア**

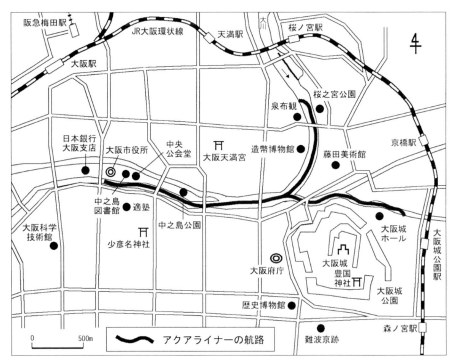

図 10-3　アクアライナーの美観めぐり（2021 年）

(筆者作成)

ライナー（以下，アクアライナーと呼称）について述べる（**図 10-3**）。

　アクアライナーは，大阪市街地を流れる大川の大阪城・中之島めぐり遊覧船である。運営する大阪水上バス株式会社は，1983 年に設立され，河川旅客運輸業，港湾旅客運輸業，レストラン・売店経営の事業を行っている。

　遊覧場所は，大川支流の第二寝屋川の大阪城港を発地として，淀屋橋から新桜宮橋間の大川沿岸の**歴史的・近代的建造物**を船内から眺め，大阪の歴史・文化・産業を学ぶことができる体験型観光である（**写真 10-1**）。また，春は桜，夏は緑の樹木，秋は紅葉，冬は夜のイルミネーションといったように，水上からの四季折々の風景を観賞できる。アクアライナーは大阪城港～天満橋港～淀屋橋港～大阪アメニティ・パーク（OPA）港～大阪城港を循環

【国指定重要文化財大阪市公会堂】　　　　【中之島の近代的建築】

写真 10-1　アクアライナーの美観めぐり

（2018 年 2 月 15 日 筆者撮影）

運航するので，どの港から乗船しても一周して元の港に帰着できる。また，途中下船も可能である。運航は通年営業であり，始発 10 時から最終 16 時の 1 時間毎に 1 便，1 日 7 便運航し，所要時間は 55 分，乗船料は大人 1,500 円である（2021 年 2 月現在）。

（2）アクアライナーの特殊機能

　乗船客に遊覧船の特殊機能を案内することは，水上クルーズの付加価値を高めて魅力的な旅行商品に仕上げる効果が期待できる。アクアライナーの特殊機能は，以下のとおりである。

【アップダウン・ルーフ】

　大阪湾に流入する大川は，満潮時には水面が高くなり橋桁と水面の間隔が狭くなるため，橋桁の低い橋をくぐる際には船の屋根を 30cm 下げて通過する（**写真 10-2**）。

【ウォータージェット・システム】

　船の推進力は，船外から大量の水をポンプで吸い込み，高圧で水を噴射して進むウォータージェット・システムを採用している。このため，河川水に酸素が送り込まれ，水中生物に住みやすい環境づくりに役立っている。

【大阪城港】 【アクアライナーの船内】

写真 10-2　アクアライナーの船体

(2018 年 2 月 15 日 筆者撮影)

【ウォーターバード・ビュー】

　船内の座席は，水面に近いことから水鳥の目線で周囲の風景を眺めることができる。

【ピーピング・ブリッジ】

　船体の天井がガラス張りとなり，通過する橋の裏側も観察できる。

　このように船体がアトラクション機能を備えているが，船内には乗降口やトイレへの通路が狭い階段のみがあり，しかも船体が低く屋根が昇降することから車椅子での自由な移動は困難である。車椅子利用者は介助者と同伴して車椅子を折り畳んで乗船することになっており，バリアフリーの対応に課題がある。また，ペットの乗船も禁止されている。

4. まとめ

　およそ 1700 年前に仁徳天皇が難波高津宮に遷都して以降，大阪平野の治水・利水事業が始まった。大阪の堀川が舟運に利用されるようになったのは，430 年前に豊臣秀吉が大阪城の外堀として開削した東横堀川であった。そして太平の世の江戸時代には，大阪の街は東西南北に堀川が整備されて舟

運が盛んになり，全国の物資集散地として繁栄した。

　現代では，経済活動における舟運の役目は鉄道や道路交通にとって代わられたが，現存する堀川は観光資源として新たな価値が見出され，大阪の特色ある新たなまちづくりに不可欠な要素となった。すなわち堀川は，物資の舟運から観光客の水上クルーズの役目を担うようになったのである。

　まちづくりとは何か，地域ブランドの創出とは何か，それは地域固有の自然や歴史，産業や文化をいかにして人々の暮らしに役立てるかである。大阪水上クルーズの美観めぐりは，まさにその典型といえよう。

■ 参考文献

大阪ブランド情報局（2006）:「世界に誇る水都・大阪〜水が育て，水とともに生きる街大阪〜」『大阪ブランド資源報告書』，24頁。

昭文社（2017）:『まっぷる 超詳細！大阪さんぽ地図』，4〜7頁。

大阪水上バス株式会社：https://suijo-bus.osaka/ company/（2021年2月11日閲覧）

大阪シティクルーズ推進協議会：http://osakacitycruise.info/（2021年2月11日閲覧）

大阪府立図書館：https://www.library.pref.osaka.jp/（2021年2月11日閲覧）

第11章

歴史街道の美観
ドイツのロマンチック街道
"ローテンブルク"

図11-1　ロマンチック街道

（筆者作成）

この章では，ドイツを代表する歴史街道の都市ローテンブルクについて，まずロマンチック街道の形成とローテンブルクの地勢を把握する。次に，ローテンブルクの都市発展を時系列で学ぶ。そして，歴史・文化が反映された現在の観光名所を理解する。

1. ロマンチック街道とローテンブルク

(1) ロマンチック街道の成り立ち

　ロマンチック街道（Romantische Strasse）は，ドイツ南部を南北に走る延長約 350 km の歴史街道である（**図 11-1**）。ロマンチック（Romantik）とは，「空想的な，夢想的な，情緒に満ちた，絵のように美しい」などの語意である。城壁に囲まれ，赤茶色の屋根と木骨組みの家並みの町を結ぶこの街道には，北からヴュルツブルク（Würzburg），**ローテンブルク**（Rothenburg），ネルトリンゲン（Nördlingen），ディンケルスビュール（Dinkelsbühl），アウグスブルク（Augsburg），そしてノイシュヴァンシュタイン城（Schloss Neuschwanstein）があるフュッセン（Füssen）など，27ヵ所の 15〜18 世紀に栄えた神聖ローマ帝国の帝国自由都市や町がある。そこで，ロマンチック街道は「中世風の趣深い町や城などが点在している街道」と解説されている（紅山, 1987）。なかでも最も美しい町並みをとどめているのが，ローテンブルクである。

　ロマンチック街道の南半分は，およそ 2000 年前の古代ローマ帝国の時代にアルプス山脈を越えて，地中海に面したイタリアに通じる軍用道路として整備されたクラウディア街道と重なっている。その後は，19 世紀の近代までは通商道路としての機能を果たしてきた。そして，第二次世界大戦後の経済成長にともなう平和で豊かな国民生活は，観光業を飛躍的に発展させ，ロマンチック街道に**観光道路**の機能を新たに付与させることになったのである。

(2) ローテンブルクの地勢

　ドイツ南部バイエルン州（Freistaat Bayern）のローテンブルク市は 39 地区から構成され，標高 430 m の市域面積 41㎢に 11,243 人（2018 年）が居住

している。市名の正式名称は，ローテンブルク・オプ・デア・タウバー（Rothenburg ob der Tauber）であり，ローテンブルク発祥地の「タウバー川の上方にある赤い城」を意味する。ブルク（Burg）は軍事的機能を持った城塞であり，基本構造は，環状城壁，歩廊，矢狭間，堀，城門などが備えられた。なお，赤い城は1356年の大地震で崩壊して存在しない。そして，39地区の中心が市街地のローテンブルク・オプ・デア・タウバー地区である（図11-2）。

　ローテンブルクの市街地は城壁に囲まれ，そこは南北約1km，東西600mの範囲であり，中世の石造りの建物や木骨組家屋が軒を連ねる古風な町並みをとどめている。市街地の中心地には，中世都市特有のマルクト広場

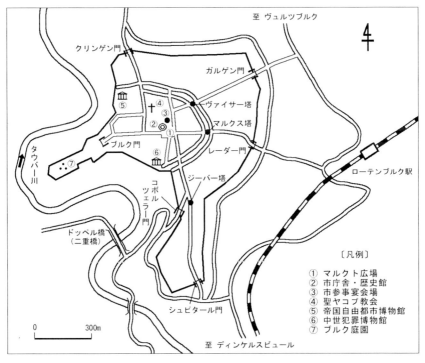

図11-2　ローテンブルクの市街地

(筆者作成)

（Marktplatz）がある。ここは中世の時代から市が立ち，祭りが催され，市民が集う広場として利用されてきた。定期的に開かれた市は，遠近から来訪する商工業者が公開の場で行う商品の取引である。それは商品の密売や不当価格を防ぎ，商品の信頼性を確保するねらいがあった。

人々が集うマルクト広場には，市庁舎と**聖ヤコプ教会**を中心に博物館・ホテル・商店など公共建造物や観光関連施設が集まっている（**写真 11-1**）。市街地の西側を蛇行して流れるタウバー川は，高さ 60 m もの急斜面の渓谷を形成しており，このことが城と住民を外敵から防御する大きな役目を果たしていた。

【レーダガッセ通り】 　　　　　　　　【城門マルクス塔】

【左：聖ヤコプ教会　中央：市庁舎】 　　【聖ヤコプ教会の「聖血の祭壇」】

写真 11-1　ローテンブルクの歴史的建造物
（2003 年 8 月 28 日 筆者撮影）

2. ローテンブルクの都市発展

(1) 帝国自由都市の形成と繁栄

　ローテンブルクの起源は，9世紀末にローテンブルク伯が城を築いたことによる。12世紀初めに同家が断絶して1142年に神聖ローマ帝国皇帝コンラート3世が，現在の市街地西側のブルク門があるブルクガルテン（公園）に帝国城塞を建築した。そして城塞の東側に隣接して民衆の集落が形成され，それを取り囲む外敵防御の城壁が築かれた。1172年にローテンブルクは，皇帝ルドルフ1世から帝国自由都市に選定されて自治権を得た。中世のドイツの領域を治めていた神聖ローマ帝国は，各地の封建領主，いわゆる諸侯の中から選挙によって皇帝が選ばれていた。このため帝国は絶対権力が皇帝に集中することがなく，諸侯の独立国家で構成された連邦の性格を帯びていた。とはいえ，帝国自由都市は皇帝に直属する自治領であることから，強力な自治権を発揮して商業や手工業が栄え経済が発展し，諸侯の侵略を免れることができたのである。

　ローテンブルクでは，人口増加によって手狭になった直径400mほどの円形市街地は，最初の城壁が取り壊されて市街地の拡張工事が行われ，現在見られる新たな城壁が築かれた。高さ約6m，延長4.2kmの城壁には6ヵ所に城門がある。東側のレーダー門は，ローテンブルクの鉄道駅に近いことから現在最も人の往来が多い。このレーダー門から中心地に向かうレーダガッセ通りには，取り壊された最初の城壁の城門マルクス塔が現存している。マルクス塔は町の歴史を後世に伝える貴重な文化財であり，ローテンブルクの観光名所となっている。その他の城門は，西側にブルク門，南側にコボルツェラー門，その先の南端にシュピタール門，北西にクリンゲン門，そして北東にガルゲン門が配置されている。帝国自由都市の時代は，城壁の門に役人を常駐させて市街地に出入りする人物や物資を厳しく検査した。城門は日の出とともに開かれ，日没後に門は閉ざしたという。

写真 11-2　ローテンブルクの城門と城壁
（2003 年 8 月 28 日 筆者撮影）

　1356 年に発生した地震によって，帝国城塞や民家が破壊されたが，その
後は復興して，トップラー市長の時代に最盛期を迎えた。1400 年当時の人
口は 6,000 人を数え，神聖ローマ帝国の十大都市の 1 つに成長した。

（2）帝国自由都市の混乱と没落

　16 世紀にキリスト教の**宗教改革**がヨーロッパ全域に広まり，ローテンブ
ルクもその波に洗われた。ローテンブルクの主教会である聖ヤコプ教会は，
1544 年に**ルター派プロテスタント**の教会になった。現在，カトリックが人
口の 9 割以上を占めるバイエルン州において，ローテンブルクはプロテスタ
ントが 7 割を占める特異な地域である。

　17 世紀前期には，カトリックとプロテスタントが対立した**三十年戦争**
（1618〜1648 年）が各地に起きた。帝国自由都市として繁栄したローテンブ
ルクであったが，この戦争の戦禍に巻き込まれて町は混乱して没落すること
になる。当時の情勢を伝える逸話が，以下の「**マイスター・トルンク**（Der
Meister Trunk）」である。

　　1631 年にカトリックのティリー将軍率いるスウェーデン軍が，プロ

テスタントの町ローテンブルクに攻め入った。当時43歳のヌッシュ市長は，「もし私が，見事にこの大ジョッキのワインを一気に飲み干したならば，町を焼かずにお助け下さいますように」とティリー将軍に嘆願した。そして，大杯に入ったワイン3.25リットルを10分かけて飲み干し，スウェーデン軍による町の占領を免れたとされている。その後，市長は昏々と3日間眠り続けたという（紅山, 1993）。

　この逸話に出てくるワインは，現在では著名なドイツの白ワインの**フランケン・ワイン**である。ローテンブルクは古くから白ワインの産地であり，一気飲みに強かった**ヌッシュ市長**がいたことが，ティリー将軍による略奪・焼き討ちから市民の生活を守ることができたと言い伝えられている。現在，この「マイスター・トルンク」はローテンブルクの伝統行事となっており，毎年の開催日は異なるが，5月下旬〜6月上旬の4日間，マルクト広場で演劇による再現祭りが開催される。これは，地域の伝説や史実を繙いて観光資源として活用している好例である。

(3) バイエルン王国の統治と第二次世界大戦後の観光発展

　三十年戦争によって実質支配権を失い弱体化した神聖ローマ帝国は，最後にはナポレオン戦争に敗北して1806年に消滅することになる。その4年前の1802年に，帝国自由都市ローテンブルクは諸侯の1つバイエルン王国に編入された。バイエルン王国は現在のバイエルン州の領域である。

　1800年代には，中世の古い家屋が残存するローテンブルクの町並みが歴史家や作家の書物を通じて紹介されるようになり，旅行客が訪れるようになった。

　そして，第二次世界大戦末期の1945年3月31日に，アメリカ空軍機の爆撃を受けて市街地東部が破壊された。その被害は死亡者39人，民家306軒，公共建築物6棟，城壁600mなど古い建築物の40％以上であった。戦後は，ローテンブルクの中世の町並みと城壁の復元事業に賛同する世界中の人々の

寄付金によって，忠実に復元することができた。復元された城壁には，寄付
をした人名や団体名の銘板が埋め込まれている。

　なお，ローテンブルクの歴史的町並み保全については，1800年代から厳
しい措置が講じられていたとされる。現在でも建築70年条令によって旧市
街地の建物の修復には厳しい審査がなされている。現在では「中世の宝石
箱」と讃えられるロマンチック街道を代表する著名な観光都市に発展した。

3. ローテンブルクの観光名所

（1）威厳に満ちた市庁舎と伝説の仕掛け時計

　市街地の中心地には，ラートハウス（Rathaus）と称される市庁舎がある。
この建物は中世の帝国自由都市の自治を象徴する市参事会堂であり，13～15
世紀初頭のゴシック様式（後ろ側）と，16世紀後半のルネサンス様式（前
側）の2つの建築構造から成る。その威厳ある立派な建物は，現在でもロー
テンブルクの行政機関として使用されている。

　市庁舎の内部は，執務室，来賓室，市参事宴会館などがある。往時は，市
長を議長とする市参事会が行政を司り，議員の市参事会員は有力商人や手工
業組合のマイスター（Meister，親方）などが選ばれた。また，市庁舎内に
は，三十年戦争当時の武器や地下牢，拷問部屋が見学できる歴史展示室があ
り，実物大の兵士人形は当時の人々の生活を視覚的に知ることができる。さ
らには，隣接する高さ60mの塔の展望所からは，旧市街地の赤いレンガ色
をした屋根の美しい町並みが展望できる。ただし，狭い展望所へは木造の狭
い急な階段を上らなければならないので，観光客の混雑解消のために信号機
で昇降を誘導している。

　階上の市参事宴会館の外壁上部には，既述の「マイスター・トルンク」に
因んだ仕掛け時計がある。毎日11時から15時の毎時5回，夏季は21時と
22時も加えて7回，仕掛け時計の人形が現れて時刻を知らせる。時計の左側

の窓からはティリー将軍人形，右側の窓からは大ジョッキを手にしたヌッシュ市長人形が現れて，大ジョッキのワインを一気飲みするヌッシュ市長人形劇は観光客を楽しませている。

(2) 荘厳な聖ヤコプ教会とゴシック彫刻の傑作「聖血の祭壇」

マルクト広場の北西に建つゴシック様式の聖ヤコプ教会は，約180年（1311〜1490年頃）の歳月をかけて完成したローテンブルクの主教会である。教会の2階部分には，ドイツ後期ゴシックの彫刻家ティルマン・リーメンシュナイダーが制作（1499〜1505年）した傑作「聖血の祭壇」がある。祭壇の中央はキリストの「最後の晩餐」，左扉は「イエスのエルサレム入城」，右扉には「ゲツセマネの園」の浮彫が施されている。そして，祭壇の上に掛けられた十字架には，水晶のカプセルに入った3滴の「聖なるキリストの血液」が納められているという。

リーメンシュナイダーの作品の特徴は，人物の憂いを帯びた繊細な顔の表情と，手の所作から衣服のひだに至るまで人物の性格を的確に描写していることといわれる。一方で，彼は彫刻に情熱を燃やすと同時に，ヴュルツブルクの市長を務めて市民の信頼を集めた人物でもあった。

(3) 厳格な帝国自由都市の中世犯罪博物館

中世犯罪博物館は，旧市街地の初期城壁の南側に位置し，1395年に建てられた聖ヨハネ騎士修道会の館を改築した建物である。ドイツでは唯一の「中世の法律と刑罰に関する博物館」といわれている。ここには，あらゆる刑罰や法律の資料と拷問や処刑に使われた道具など3,000点を超える展示がされており，ロマンチック街道の中世の社会事情を知ることができる。

中世の帝国自由都市は強い自治権を有していたことから，ローテンブルクでも規則や法に背いた住民は裁判・処刑が容赦なく行われた。刑罰は厳罰の死刑のほかに，人の噂話が過ぎる女には大きな耳と舌の長い鉄製の「恥辱

の仮面」を被らせて，酒癖の悪い男には上に穴の空いた鉄製の酒樽を頭から被らせて，それぞれ町中を歩かせて住民の見せしめにした。また，パン屋が小麦粉の計量をごまかしたことが発覚すると，大きな鉄の籠に入れられた罪人は，「パン屋の洗礼」と称してタウバー川に浸される水責めにあったという。さらには，教会で居眠りした者は重い鉄製のロザリオを首に掛けさせられた。このことは，厳格な帝国自由都市が外敵支配を排除するための市民生活の秩序維持といえよう。

4. まとめ

　ローテンブルクの美しい中世の町並みが残った要因は，以下のことが指摘できる。

①帝国自由都市として発展

　神聖ローマ帝国の皇帝の特許状を得て，帝国直属の自由都市の地位を獲得し，政治的にも軍事的にも諸侯と肩を並べることができた。

②近代産業の遅れ

　産業革命によって中世都市のほとんどが近代都市に移行して，第二次世界大戦では主要都市が連合国の爆撃で市街地が破壊された。しかし，ロマンチック街道沿いの中世都市は，産業革命の波に乗り遅れて近代産業が発達していなかったため，爆撃に狙われなかった。

③マイスターの気質

　ゲルマン民族のドイツ人は，将来を見越して丈夫で長く使えるしっかりしたものをつくる性質がある。この伝統や規律を重んじるマイスターの気質が，まちづくりに反映されてきた。

■ **参考文献**

紅山雪夫（1987）：「第7章 ロマンチック街道散策［1］―生きている中世都市ローテンブルク―」『世界歴史紀行 ドイツ』読売新聞社，70-84頁。

紅山雪夫（1993）：「Ⅰ ロマンチック街道を行く ローテンブルク」『ドイツの城と街道』トラベルジャーナル，6-36頁。

鈴木真弓（2002）：「第3章 ロマンチック街道の旅 ヴュルツブルク，クレクリンゲン，ローテンブルク」『ロマンチック街道と城をめぐるドイツ』トラベルジャーナル，66-88頁。

Stad Rothenburg ab der Tauber（2020）：Die Top10 Sehenswürdigkeiten, http://www.rothenburg-tourismus.de（2020年9月22日閲覧）

第12章

アニメ聖地の美観
アニメツーリズム協会の
"日本のアニメ聖地88"

図12-1　新幹線500系のエヴァンゲリオン

(イラスト：JR西日本「500 TYPE EVA GUIDE BOOK」より引用

写真：2017年8月27日 筆者撮影)

　この章では，近年新しい観光として人気が高まっているアニメツーリズムについて，まず日本政府の推進事業を知る。次に，日本のアニメツーリズムを推進する民間団体の活動内容を理解する。そして，この民間団体が認定するアニメ聖地88の地域特性を学ぶ。

1. アニメツーリズムの推進

（1）アニメツーリズムとは

　アニメは英語の**アニメーション**（animation）の略称であり，「絵や人形などを少しずつ位置や形をずらして1こまずつ撮影し，映写すると動いているように見える映画。動画。アニメ。」であり，漫画（まんが，マンガ）は「絵を連続させ，多くは台詞を伴った物語風にしたもの。」と，それぞれ『デジタル大辞泉』（小学館）に明記されている。日本のアニメや漫画は画像や物語の品質に優れ，国内外の**アニメファン**からの評価が高く，近年の訪日外国人観光客誘致の一役を担っている。

　アニメ聖地は，テレビやゲームのアニメ，漫画の舞台・モデルになった地域や場所，また作家や作品にゆかりのある街，生家，記念館などをさすものとされている（山村 2008）。そして，これらのアニメ聖地を巡る旅行を**アニメツーリズム**（Anime Tourism）または**アニメ聖地巡礼**と呼称している。

　アニメツーリズムの種類は，一般社団法人アニメツーリズム協会では，テレビアニメ，アニメ映画，ゲーム，特撮，キャラクター，マンガの6つに分

【水木しげるロードの妖怪ブロンズ像】【神戸市の震災復興のシンボル鉄人28号】

写真 12-1　まちおこしに活躍するアニメのキャラクター
（左：2010年8月12日　右：2019年3月3日 筆者撮影）

類している。数少ない特撮は「ウルトラマンシリーズ」，キャラクターは「サンリオ」，マンガは**「水木しげるロード」**（境港市）である。

このような新たな観光形態のアニメツーリズムを推進することは，国内外の老若男女の訪問者に地域の自然や歴史，文化や産業の魅力を認知してもらう好機と捉えることができる。

（2）日本政府によるアニメツーリズムの推進

①内閣府の「クールジャパン拠点連携実証プロジェクト」

内閣府が2017（平成29）年度に実施した**クールジャパン拠点連携実証プロ**ジェクトは，外国人が日本固有の文化として魅力を感じるアニメ・漫画・ゲームなどコンテンツ，ファッション，食，伝統文化，デザイン，ロボット，環境技術などを活用した誘客促進事業であり，事業費は459億円が計上された。この事業は関係する中央官庁と連携して，情報発信，海外への商品・サービス展開，訪日外国人の国内消費拡大を効果的に展開して，日本の経済成長を促すブランド戦略である（内閣府 2017）。

なお，クール（英語：cool）は「素敵な」，「いかす」，「かっこいい」を意味することから，クールジャパンは「素敵な日本」，「かっこいい日本」を表現している。

アニメツーリズムの推進については，以下の内容が実施された。ワーキング委員会は，SNSや動画配信で大きな情報発信力を有する**インフルエンサー**（英語：influencer）と，大ヒットしたアニメ映画「君の名は。」（2016年公開）の外国人アニメファンを代表して，台湾とタイから各10名，計20名を招待し，岐阜県飛騨地方を巡る**モニターツアー**（英語：Monitor of a package tour）を実施した。

その後，ワーキング委員会は有識者，インフルエンサー，招待外国人アニメファンとの意見交換会を実施して，モニターツアー参加者の行動分析や感想・意見，発信情報の影響力の検証などにより，クールジャパン拠点のモデルプランを立案した。すなわち，アニメ聖地の改善策と当地を訪れたアニメ

ファンを周辺観光地に誘導するための仕掛け作りである。

②観光庁の「テーマ別観光による地方誘客事業」

　観光庁は，2016（平成28）年度から**テーマ別観光による地方誘客事業**を実施している。この事業の目的は，地方に国内外の観光客を誘致するために，特色ある観光資源を活用したテーマ別観光のモデルケースを形成することにある。2020（令和2）年度までに支援したテーマ別観光は，以下の17件である。

【2018（平成30）年度で終了：8件】

　エコツーリズム，街道観光，酒蔵ツーリズム，社寺観光 巡礼の旅，明治日本の産業革命遺産，ロケツーリズム，古民家等の歴史的資源，日本巡礼文化発祥の道

【2019（令和元）年度で終了：5件】

　アニメツーリズム，サイクルツーリズム，全国ご当地マラソン，忍者ツーリズム，百年料亭

【2020（令和2）年度選定：4件】

　Industrial Study Tourism，ONSEN・ガストロノミーツーリズム，郷土食探訪〜フードツーリズム〜，宙ツーリズム

　なお，珍しい名称のONSEN・ガストロノミーツーリズムとは，温泉地を拠点にして食，自然，歴史・文化など地域資源をウォーキングにより体感する観光をいう。また，宙ツーリズムは星空，ご来光，オーロラ，打ち上げロケットなど気軽に快適に観賞できる観光である。

　この事業で実施できる取り組み内容は，①観光客のニーズや満足度を調査するためのアンケートやモニターツアー，②観光客の受入体制の強化に係るマニュアル作成や旅行商品の造成，③上記の調査結果等を踏まえた情報発信（共同Webページ，パンフレット，マップの作成など），④同じテーマを観光資源とする団体や地域とのネットワーク拡大などである。

　そして，期待する事業効果については，特定のテーマに関心の高い旅行者にとっては魅力的な旅行を享受できること，地域においては，観光客の複数

地域の来訪需要を創出するとともに，テーマ別観光の地域間で課題や成功事例が共有でき，効果的な観光振興策が推進できると想定している。

2. アニメツーリズム協会の活動

（1）アニメツーリズム協会の理念と目的

　一般社団法人アニメツーリズム協会（所在地：東京都千代田区五番町3-1）は，出版業，自治体，異業種企業・団体などおよそ50の事業所が参加して2016年9月に設立された組織である。アニメツーリズム協会は，アニメに携わるすべての人に寄り添い，アニメ業界と地域の発展を願いつつ，世界から選ばれる地元と日本に貢献することを理念として掲げている。協会の事業目的は，次のように示されている。

①毎年，アニメ聖地を88か所選定することでオフィシャル化を図る。
②複数のアニメ聖地の巡礼ルートを作り，新たな広域周遊観光ルートとして観光客を呼び込む。
③アニメ聖地（地域）と企業，コンテンツホルダーとを密接に連携し，アニメ聖地でのコンテンツを活用したサービスや商品の提供を促進する。
④同時に地域の受け入れ環境も整備することで，新たな経済効果を創出する。

　つまり，官民が一体となって日本のアニメ聖地を国内外のアニメファンに情報発信をすることで，地方の誘客促進を図ろうとするものである。

（2）「訪れてみたい日本のアニメ聖地88」の選定

　アニメ聖地88は，以下に示す6項目の選考基準に則って選考および認定が行われている。

①アニメ聖地88の選定は，国内外のアニメファンを対象とした投票結果をもとに，権利者，地方自治体等との協議を協会事務局が行い，その結果を基に理事会で総合的に判断し決定する。

②アニメ聖地88の候補は，作品の舞台，モデルとしてファンに一定の認知を得ていることを前提とする。また施設・イベントも対象とする。

③自治体，作品権利者相互の理解を前提に，観光による振興が可能な地域・作品を選定する。

④映像作品を中心とするが，コンテンツの種別はファンの支持，権利者の意向に沿って柔軟に対応する。

⑤作品の優劣を示す目的ではないので順位付けや番号付けは行わない。

⑥アニメ聖地88は，年毎に更新し年末までに年版を発表し，翌年1月から12月までを運用期間とする。

以上に加え，協会は選定した「訪れてみたい日本のアニメ聖地88」の情報や魅力を伝える施設として「番札所」を設置する。

（アニメツーリズム協会のホームページより引用）

アニメツーリズムの楽しみ方を発信する「番札所」は，88番札所：東京都庁（東京観光情報センター），0番札所：日本の空の玄関成田国際空港（千葉県成田市），1番札所：東京から移転したインフォメーションスポット（埼玉県所沢市ところざわサクラタウン）の3ヵ所である。

なお，アニメ聖地88は「作品」，「施設」，「イベント」の3つの部門からなる。「88」という数字は，作品部門の聖地数を意味し，イベント・施設部門を含めると2020年は114件である。

3. アニメ聖地88の地域特性

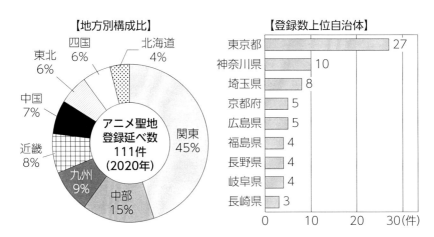

図12-2　アニメ聖地88の地方別登録数（2020年）

（筆者作成）

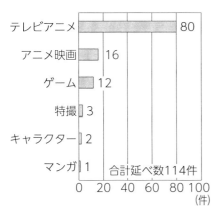

図12-3　アニメ聖地88の作品種別登録数

（図：筆者作成　写真：2010年8月12日筆者撮影）

（1）アニメ聖地88の自治体と作品

2020 年現在のアニメ聖地 88 の登録数は，延べ 111 件である。この延べ数

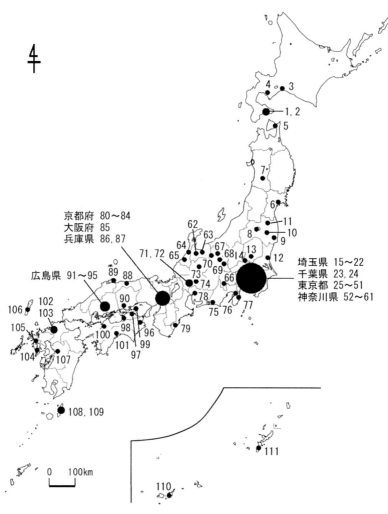

図 12-4　アニメ聖地 88 の登録自治体分布

（筆者作成。番号は表 12-1 に示した登録作品を示す）

は，同じアニメ作品が複数の自治体で登録されていることによる。たとえば，ゲームの「艦隊これくしょんー艦これー」は，5.青森県むつ市大湊，53.神奈川県横須賀市，83.京都府舞鶴市，91.広島県呉市，105.長崎県佐世保市の5つの自治体におよぶ。

地方別では関東が45％を占め最も多く，その内訳は東京都27件，神奈川県10件，埼玉県8件などであり，しかも全国の上位3位である（図12-2）。また，作品種別ではテレビアニメが80件で全体の70％を占め，以下アニメ映画16件，ゲーム12件の順に続く（図12-3）。数少ない特撮，キャラクラー，マンガの作品名については既述のとおりである。

なお，アニメ聖地88の111件の作品登録地と作品一覧は，図12-4，表12-1に示すとおりである。北海道から沖縄県まで全国の広範囲に登録されていることがわかる。

表12-1 アニメ聖地88の登録作品と自治体（2020年）

No.	作品名	自治体名	No.	作品名	自治体名
1	薄桜鬼 真改	北海道函館市	20	『冴えない彼女の育てかた』シリーズ	埼玉県和光市
2	ラブライブ!サンシャイン!!	北海道函館市	21	らき☆すた	埼玉県久喜市
3	僕だけがいない街	北海道苫小牧市	22	心が叫びたがってるんだ。	埼玉県横瀬町
4	天体のメソッド	北海道洞爺湖町	23	俺の妹がこんなに可愛いわけがない	千葉県千葉市
5	艦隊これくしょん - 艦これ -	青森県むつ市大湊	24	『やはり俺の青春ラブコメはまちがっている。』シリーズ	千葉県千葉市
6	Wake Up, Girls！新章	宮城県仙台市	25	劇場版 ソードアート・オンライン - オーディナル・スケール -	東京都
7	釣りキチ三平	秋田県横手市	26	BanG Dream!（バンドリ!)	東京都新宿区
8	薄桜鬼 真改	福島県会津若松市	27	純情ロマンチカ	東京都千代田区
9	フライングベイビーズ	福島県いわき市	28	STEINS;GATE（シュタインズ・ゲート）	東京都千代田区
10	ウルトラマンシリーズ（円谷英二氏生誕の地）	福島県須賀川市	29	世界一初恋	東京都千代田区
11	政宗ダテニクル	福島県伊達市	30	ラブライブ！	東京都千代田区
12	ガールズ＆パンツァー最終章	茨城県大洗町	31	『デジモンアドベンチャー』シリーズ	東京都港区
13	秒速5センチメートル	栃木県栃木市	32	刀剣乱舞 -ONLINE-	東京都台東区
14	宇宙よりも遠い場所	群馬県館林市	33	さらざんまい	東京都台東区
15	神様はじめました	埼玉県川越市	34	時をかける少女	東京都台東区
16	月がきれい	埼玉県川越市	35	三ツ星カラーズ	東京都台東区
17	あの日見た花の名前を僕達はまだ知らない。	埼玉県秩父市	36	ウルトラマンシリーズ（ウルトラマン商店街）	東京都世田谷区
18	心が叫びたがってるんだ。	埼玉県秩父市	37	秒速5センチメートル	東京都世田谷区
19	ヤマノススメ　サードシーズン	埼玉県飯能市			

No.	作品名	自治体名	No.	作品名	自治体名
38	バケモノの子	東京都渋谷区	75	ガヴリールドロップアウト	静岡県浜松市
39	アイドルマスター	東京都中野区	76	ラブライブ！サンシャイン!!	静岡県沼津市
40	アクセル・ワールド	東京都杉並区	77	あまんちゅ！	静岡県伊東市
41	『冴えない彼女の育てかた』シリーズ	東京都豊島区	78	八十亀ちゃんかんさつにっき	愛知県名古屋市
42	デュラララ!!	東京都豊島区	79	凪のあすから	三重県熊野市
43	『デジモンアドベンチャー』シリーズ	東京都練馬区	80	いなり、こんこん、恋いろは。	京都府京都市
44	ルドルフとイッパイアッテナ	東京都江戸川区	81	有頂天家族 2	京都府京都市
45	とある科学の超電磁砲	東京都立川市	82	薄桜鬼 真改	京都府京都市
46	とある魔術の禁書目録	東京都立川市	83	艦隊これくしょん - 艦これ -	京都府舞鶴市
47	SHIROBAKO	東京都武蔵野市	84	一休さん（酬恩庵一休寺）	京都府京田辺市
48	ゲゲゲの鬼太郎	東京都調布市	85	ハンドシェイカー	大阪府大阪市
49	デート・ア・ライブ	東京都町田市	86	『涼宮ハルヒの憂鬱』シリーズ	兵庫県西宮市
50	薄桜鬼 真改	東京都日野市	87	長門有希ちゃんの消失	兵庫県西宮市
51	ケロロ軍曹	東京都西東京市	88	ひなビタ♪	鳥取県倉吉市
52	文豪ストレイドッグス	神奈川県横浜市	89	ゲゲゲの鬼太郎	鳥取県境港市
53	艦隊これくしょん - 艦これ -	神奈川県横須賀市	90	ひるね姫 〜知らないワタシの物語〜	岡山県倉敷市
54	ハイスクール・フリート	神奈川県横須賀市	91	艦隊これくしょん - 艦これ -	広島県呉市
55	Just Because!	神奈川県藤沢市	92	たまゆら	広島県竹原市
56	青春ブタ野郎はバニーガール先輩の夢を見ない	神奈川県藤沢市	93	かみちゅ！	広島県尾道市
57	TARI TARI	神奈川県藤沢市	94	蒼穹のファフナー	広島県尾道市
58	つり球	神奈川県藤沢市	95	朝霧の巫女	広島県三次市
59	刀使ノ巫女	神奈川県藤沢市	96	おへんろ。	徳島県徳島市
60	「エヴァンゲリオン」シリーズ	神奈川県箱根町	97	おへんろ。	香川県高松市
61	弱虫ペダル	神奈川県箱根町	98	『結城友奈は勇者である』シリーズ	香川県観音寺市
62	true tears	富山県南砺市	99	からかい上手の高木さん 2	香川県土庄町
63	おおかみこどもの雨と雪	富山県上市町	100	おへんろ。	愛媛県松山市
64	花咲くいろは	石川県金沢市	101	おへんろ。	高知県高知市
65	ガーリー・エアフォース	石川県小松市	102	博多豚骨ラーメンズ	福岡県福岡市
66	ゆるキャン△	山梨県身延町	103	博多明太!ぴりからこちゃん	福岡県福岡市
67	長門有希ちゃんの消失	長野県長野市	104	色づく世界の明日から	長崎県長崎市
68	サマーウォーズ	長野県上田市	105	艦隊これくしょん - 艦これ -	長崎県佐世保市
69	あの夏で待ってる	長野県小諸市	106	アンゴルモア元寇合戦記	長崎県対馬市
70	おねがい☆ティーチャー	長野県大町市	107	ケロロ軍曹	熊本県熊本市
71	信長の忍び〜姉川・石山篇〜	岐阜県岐阜市	108	秒速 5 センチメートル	鹿児島県種子島
72	ルドルフとイッパイアッテナ	岐阜県岐阜市	109	ROBOTICS;NOTES	鹿児島県種子島
73	氷菓	岐阜県高山市	110	劇場版 のんのんびよりばけーしょん	沖縄県八重山諸島
74	刀使ノ巫女	岐阜県関市	111	ウルトラマンシリーズ （金城哲夫資料館）	沖縄県南風原町

（「訪れてみたい日本のアニメ聖地 88」（2021 年版）より筆者作成）

(2) アニメ聖地88の施設とイベント

　上記の111件のほかに，アニメ作品に関連した記念館，美術館，ミュージアム，情報館などの施設やイベントが，2020年現在で26件登録されている（図12-5）。東京都が7件で最も多く，北海道と沖縄県を除く東北から九州まで登録施設等が分布している。

【東京都】
5. 東京アニメセンター in DNPプラザ
　（新宿区）
6. 長谷川町子美術館（世田谷区）
7. 東京工芸大学 杉並アニメーション
　ミュージアム（杉並区）
8. 東映アニメーションミュージアム
　（練馬区）
9. 青梅赤塚不二夫会館（青梅市）
10. 水木マンガの生まれた街（調布市）
11. サンリオピューロランド（多摩市）

【秋田県横手市】
3. 横手市増田まんが美術館

【新潟県新潟市】
12. 新潟市マンガ・アニメ情報館
13. 新潟市マンガの家

【石川県輪島市】
15. 永井豪記念館

【富山県氷見市】
14. 氷見市潮風ギャラリー
　（藤子不二雄Ⓐアートコレクション）

【鳥取県境港市】
20. 水木しげるロード

【鳥取県北栄町】
21. 青山剛昌ふるさと館

【福岡県北九州市】
24. 北九州市漫画ミュージアム

【長崎県五島市】
25. 五島の雲 山本二三美術館

【大分県日出町】
26. サンリオキャラクターパーク
　ハーモニーランド

【徳島県徳島市】
22. マチ★アソビ

【高知県香美市】
23. 香美市立やなせたかし記念館・
　アンパンマンミュージアム

【岩手県花巻市】
1. 宮沢賢治童話村

【宮城県石巻市】
2. 石ノ森萬画館

【栃木県壬生町】
4. おもちゃのまち
　バンダイミュージアム

【東京都】地図の左上に明記

【静岡県静岡市】
16. ちびまる子ちゃんランド

【愛知県名古屋市】
17. 世界コスプレサミット

【京都府京都市】
18. 京都国際マンガミュージアム

【兵庫県宝塚市】
19. 宝塚市立手塚治虫記念館

0　　100km

図12-5　アニメ聖地88の施設・イベント分布

（筆者作成）

4. まとめ

　アニメツーリズムは，アニメ作品の舞台・モデルになった地域，作家ゆかりの場所などを聖地と捉えて巡る旅行形態ではあるが，広義にはこれらのアニメ聖地を拠点に周辺の観光地を訪れる広域観光とも解釈できる。このことは，第3章の九州横断観光ルートで述べた観光多様性を意味する。

　したがって，日本政府やアニメツーリズム協会も指摘しているように，アニメツーリズムの大きな課題は，登録されたアニメ聖地の観光地としての整備はいうまでもなく，当地に訪れた観光客をいかにして周辺観光地に誘導するかである。そのためには，多様な自然や歴史，産業や文化の固有の地域資源を掘り起こして，付加価値を高める作業が必要である。

　また，アニメ聖地を選定して広域観光ルートを造成するには，都道府県や市町村の地方自治体，地域住民，観光事業者（観光協会，観光施設，飲食・宿泊施設，交通機関等）の3者が協働して取り組まなければ実現不可能である。

■ 参考文献

一般社団法人アニメツーリズム協会（2021）:「訪れてみたい日本のアニメ聖地88（2021年版）」https://animetourism88.com/ja（2021年1月31日閲覧）

観光庁（2020）:「テーマ別観光による地方誘客事業 ＜取組事例集＞」観光地域振興部観光資源課，65頁。

内閣府（2017）:「クールジャパン戦略と街づくり」知的財産戦略推進事務局クールジャパン戦略担当チーム，24頁。

山村高淑（2008）:「アニメ聖地の成立とその展開に関する研究：アニメ作品「らき☆すた」による埼玉県鷲宮町の旅客誘致に関する一考察」『国際広報メディア・観光学ジャーナル』No.7，145〜164頁。

事項・地名索引

著者紹介

池永　正人（いけなが　まさひと）

1957 年福岡県生まれ
博士（学術）千葉大学
現　在　長崎国際大学人間社会学部・大学院人間社会学研究科　教授
専　門　地理学，観光地理学，観光資源論
主　著　『チロルのアルム農業と山岳観光の共生』（単著），風間書房，2002 年
　　　　『観光地域社会の構築—日本と世界—』（共著），同文舘出版，2006 年
　　　　『新時代の観光—課題と挑戦—』（共著），同文舘出版，2007 年
　　　　『体験取材！ 世界の国ぐに スイス』（監修），ポプラ社，2008 年
　　　　『図説 新・日本地理—自然環境と地域変容—』（共著），原書房，2008 年
　　　　『長崎学への道案内（改訂 3 版）』（地理の部，監修），長崎文献社，2011 年
　　　　『観光地理学—観光地域の形成と課題—第 2 版』（共著），同文舘出版，2012 年
　　　　『日本の地誌 10—九州・沖縄—』（執筆分担），朝倉書店，2012 年
　　　　『温泉の百科事典』（執筆分担），丸善出版，2012 年
　　　　『観光先進地ヨーロッパ—観光計画・観光政策の実証分析—』（共著）古今書院，2016 年

2021 年 3 月 30 日　　初版発行
2024 年 3 月 30 日　　初版 3 刷発行　　　　　　　略称：観光地理入門

観光地理学入門
—美観の観光資源の活用—

著　者　Ⓒ　池　永　正　人

発行者　　中　島　豊　彦

発行所　同 文 舘 出 版 株 式 会 社
東京都千代田区神田神保町 1-41　〒 101-0051
営業（03）3294-1801　　編集（03）3294-1803
振替 00100-8-42935　https://www.dobunkan.co.jp

Printed in Japan 2021　　　　　　DTP：マーリンクレイン
印刷・製本：三美印刷

ISBN978-4-495-39041-9